MINDFUL BRAND AUDITING

MINDFUL BRAND AUDITING

DER SMARTE WEG ZUM ERFOLG **IHRER BRANDS**

BY

KURT GASSNER

Mindful Brand Auditing
Kurt Gassner

Impressum
My-mindguide – The publishing trademarke of trendguide Capital GmbH, Klenzestr. 42a, 80469 Munich, Germany.

Reg. Nr. HRB Munich 206639, VAT 152 123 159, CEO: Kurt Friedrich Gassner
Web: www.my-mindguide.com, mail: gassner@my-mindguide.com

Paperback ISBN: 978-3-98793-992-1
Hardback ISBN: 978-3-98793-993-8

Einleitung und Widmung

Ich bin ein passionierter Unternehmensgründer und Business-Angel und verfüge über vier Jahrzehnte Erfahrung in den Bereichen Werbung und Brand-Consulting. Auf meinem Weg habe ich zahlreiche Auszeichnungen in den Bereichen Creative-Direction, Direktmarketing und Coaching erhalten und konnte mir so auch finanzielle Unabhängigkeit erarbeiten.

Dieses Buch ist all meinen geschätzten B2B- und B2C-Kunden gewidmet, für die ich während meiner jahrzehntelangen Karriere als Brand-Auditor und Brand-Architect tätig sein durfte. Ich danke Ihnen! Es war großartig, mit Ihnen zusammenzuarbeiten und zur Wertsteigerung ihrer Brands beitragen zu dürfen. Die bedeutenden Veränderungen, die wir im Zuge der der Covid-19 - und der anschließenden Ukraine Krise erlebt haben, haben mir ins Bewusstsein gerufen, dass Brand-Auditing heute wichtiger ist als je zuvor. Wie kann man eine Marke steuern, ohne sie tatsächlich in allen Facetten zu kennen? Das ist eine unglaublich wichtige Frage, denn es gibt inzwischen neue Herausforderungen, die wir von nun an auch aus anderer Perspektive berücksichtigen müssen.

Die Soft-Facts sind inzwischen gewissermaßen zu Hard-Facts geworden.

"

Fewer than 50 percent
of employees believe in
their company's brand
idea, and even less are
actually equipped to
deliver on it.

Jhon F. Marshal
Senior Partner, Global Director of Strategy, Lippincott

MarkenArchitekten . BrandArchitects
My-mindguide.com

INHALTSVERZEICHNIS

WHAT ARE THE BENIFITS OF DOING A BRAND AUDIT?

Conducting a brand audit can better help you understand where you stand within your market in the minds of consumers

1

BRAND-AUDITING AUF INTELLIGENTE WEISE

Der große Wandel im Zuge der Corona-Krise und der Krise danach...

Der Begriff *Branding* wird in vielen voneinander abweichenden Zusammenhängen verwendet. Die meisten Unternehmer verstehen darunter die Außenwirkung und die Persönlichkeit eines Unternehmens, einschließlich des Logos, des Farbschemas, des Firmencharakters und sogar des Firmennamens. Für einen Brand-Auditor geht die Definition einer Marke jedoch über diese oberflächlichen Dinge hinaus und umfasst u.a. das gesamte Erscheinungsbild eines Unternehmens, dessen Außenwahrnehmung, das Auftreten in der Öffentlichkeit, den Stil und die Art der Unternehmenskommunikation.

Wenn man bedenkt, wie wichtig Branding heute ist, gibt es viele gute Gründe, dies bei allen Unternehmensentscheidungen im Auge zu behalten. Dies hat folgende Vorteile:

- Wenn Sie Ihr Branding effektiv beherrschen, können Sie die Wahrnehmung Ihres Unternehmens auf ein neues Level heben und eine nachhaltigen Eindruck im Unterbewusstsein Ihrer Stakeholder schaffen.

- Sie können eine einzigartige Brand-Identity erschaffen, die potenzielle Interessenten stets wiedererkennen und diesen Orientierung gibt

- Sie sorgen für Konsistenz und Synergien und damit Effektivität auf allen Werbeplattformen, einschließlich sozialer Medien, Newsletter, Printmedien und überall sonst, wo Sie Ihr Produkt oder Ihre Dienstleistung vermarkten. Auf diese Weise hinterlassen Sie global, unabhängig von der Sprache oder des kulturellen Hintergrunds Ihrer Zielgruppen, die erwünschte Wirkung. Ihr Markenkapital wächst überproportional zu Ihrem Investment. Wir sprechen hier von einem hohen Markenreturn oder einer hohen Markenverzinsung.

Intelligentes Brand-Auditing verhilft Ihnen zu höherer Effizienz. Sie steuern Ihre Marke genauer und erreichen Ergebnisse mit weniger Aufwand. Man kann also mit Fug und Recht behaupten, dass Branding-Auditing maßgeblichen Anteil an Ihrem Geschäftserfolg hat. Definieren wir nun die einzelnen Begrifflichkeiten:

1.1 Was genau verstehen wir unter Brand-Steering?

Brand Steering, mitunter auch als Markensteuerung bezeichnet, bezieht sich auf die zielgerichtete und synergetische Orchestrierung von verschiedenen Konzepten, die alle darauf abzielen, optimale Ergebnisse im Marketingmix zu erzielen. Dies umfasst unter anderem die Unternehmens- Philosophie, die konsistente Markenbotschaft sowie die Kommunikation und das Erscheinungsbild in allen Facetten. All diese Elemente sollen sich wechselseitig verstärken.

So prägen sie ein klares Markenbild und kreieren ein unverwechselbares Profil. Es entsteht die unverwechselbare Markenpersönlichkeit.

Brand-Steering leistet auf diese Weise einen entscheidenden Beitrag um alle Aspekte einer Marke auf das Ziel auszurichten.

So wie ein Seemann ein Steuerrad hat, um sein Schiff auf Kurs zu halten, so haben auch Branding Experts ihr eigenes Steuerrad, um alle Elemente ihrer Marke durch den Markt zu navigieren. Wir können diese Prinzipien auf alle Unternehmen, unabhängig von deren Größe, anwenden.

In der Praxis des Brand-Managements ist diese Steuerungs-Matrix als Brand-Steering-Wheel bekannt.

Dieses „Steuerrad" liefert uns genaues Feedback über jegliche Elemente unserer Marke, die mit Marketing- und Kommunikationsmaßnahmen in Verbindung stehen.

1.2 Bestandteile des Brand-Steering-Wheels

- **Positionierung**

Hier definieren Sie die Positionierung Ihrer Marke im gewählten Kontext. Dies geschieht in Relation zu vergleichbaren Marken oder relevanten Parametern. Es gilt hierbei mehrere verschiedene Positionierungen vorzunehmen: die Positionierung im Wettbewerbsumfeld, die soziale Positionierung, oder auch die Preispositionierung, um nur einige zu nennen. Eine klare Positionierung in jedem dieser Bereiche erfüllt den Zweck, sich im entsprechenden Marktumfeld optimal zu positionieren,

Marktnischen zu evaluieren und damit eine Alleinstellung im Marktumfeld zu erreichen..

- **Der Markencharakter**

Dieser Aspekt kann mit der emotionalen Wahrnehmung Ihrer Marke in Bezug auf Ihre Zielgruppe(n) in Verbindung gebracht werden. Dies klassifiziert die charakterliche Darstellung Ihrer Marke in Verbindung mit deren Werten und Eigenschaften.

- **USP der Marke**

Die USP (Unique Selling Position) beschreibt das Alleinstellungsmerkmal Ihrer Marke, welches DAS Relevante Argument für Ihre Zielgruppe ist und damit den Mehrwert Ihres Produktes, bzw. Ihrer Dienstleistung definiert. Die USP ergibt sich aus den Eigenschaften Ihrer Marke (der Organisation, Ihres Teams oder auch der Eigenschaften der Produkte/Dienstleistungen). Die USP kann auch der Use-Case eines Produktes, bzw. einer Dienstleistung sein und muss nicht ausschließlich auf einzelne Merkmale reduziert werden. Die Fixierung auf „technische Mini-USPs" kann der Markenbildung sogar abträglich sein, das Zielgruppen dies oft nicht als die wirkliche Differenzierung sehen. Konzentrieren Sie sich beim USP eher auf die weichen Faktoren wie „Beziehung", Usability", Kunden Focus ect.

- **Styleguide**

Dieser Aspekt beschreibt, wie sich Ihre Marke und deren Charakterisierung visuell vermitteln lässt. Welche Farbwahl passt zu Ihrer Marke? Wie ist deren Erscheinungsform? Welche Bildsprache wird verwendet? Wie gestalten Sie die Typographie? Styleguides sollten nicht zu eng definiert werden, das sie andernfalls schnell nicht mehr zeitgemäß wirken. Ihr Styleguide sollte einen gewissen Rahmen bieten, jedoch Raum für Entwicklung lassen.

- **Ihre Markentonalität**

Wie kommuniziert Ihre Marke? Mit einem weiblichen Tonfall? Bestimmt und autoritär? Laut oder leise? Die Kunst besteht hier darin, besonders bei globalen Marken, auf die Wahrnehmung der Zielgruppe im entsprechenden Marktumfeld einzugehen. In Indien oder China werden manche Farben und Erscheinungsformen völlig anders wahrgenommen als in Europa oder den USA. Trotz der verschiedenen Ausdrucksformen sollte die Tonalität Ihre Markenbotschaft authentisch widerspiegeln – adaptiert auf das Wahrnehmungsvermögen des Publikums.

- **Markenbotschafter**

Ein Markenbotschafter ist eine Person, die mit Worten und Taten ein Unternehmen repräsentiert und für es wirbt, dessen Angebote promotet und als Verkörperung der Corporate Identity des Unternehmens fungiert.

The medium is the message ist die wohl populärste Weisheit in diesem Bereich der Vermarktung.

Die besten Markenbotschafter sind jedoch Kunden, die zu Fans geworden sind. Dies ist letztendlich das Ziel des Brand-Managements: Kunden in Fans zu konvertieren, die bereit sind, Premiumpreise zu bezahlen und letztlich weitere Fans generieren.

Es gibt zahlreiche Strategien, um Kunden zu ermutigen, Markenbotschafter zu werden. Aus meiner Erfahrung haben die effektivsten Methoden eine gewisse emotionale Qualität oder wecken zumindest sekundär Emotionen beim Konsumenten. Denken Sie hierbei nur an die Markenloyalität von Apple, Tesla oder auch an die hohe Loyalität bei B2B Unternehmen.

1.3 Wann sollten Sie eine Neupositionierung mit Hilfe Ihres Brand-Steering-Wheels vornehmen?

Bei Turbulenzen, gleich welcher Art muß der „Captain" persönlich eingreifen und kann sich nicht auf Automatismen verlassen. Dasselbe gilt für das Branding. Einige Beispiele aus meinen praktischen Erfahrungen habe ich hier für Sie aufgelistet:

- Ihr Erscheinungsbild (etwa Ihr Logo) entspricht nicht mehr den Werten, die Ihre Marke vermitteln soll.

- Die Marke hat einen neuen strategischen Weg eingeschlagen.

- Die Struktur Ihres Unternehmens hat sich, etwa durch eine Fusion, verändert.

- Ihr Unternehmen beabsichtigt, neue Märkte zu erschließen.

- Es wurden neue Produkte/Dienstleistungen eingeführt, die nicht mehr mit der bisherigen Außendarstellung Ihrer Marke im Einklang sind.

- Ihr „analoges" Image entspricht nicht länger der digitalen Ausrichtung Ihrer Marke.

1.4 Das Brand-Steering-Wheel: Welche Effekte ergeben sich daraus?

Die Verwendung eines Brand-Steering-Wheels in Ihrem Unternehmen sorgt dafür, dass alle Beteiligten ein klares Markenverständnis gewinnen.

Dieses gemeinsam erarbeitete Verständnis ebnet den Weg für die zukünftige Verbreitung Ihrer Kommunikation über alle wichtigen Kanäle. Das Ergebnis sollte in einer *Brand-Direction* zusammengefasst werden, die als Grundlage für die gesamte Markenkommunikation dient. Auf diese Weise spricht jeder die gleiche Sprache in Bezug auf die Marke, deren Eigenschaften und deren Außenwahrnehmung:

Die Brand-Direction dient als Leitfaden für die gesamte Firmenorganisation.

Auf der Grundlage dieses Dokuments können Sie fundierte Entscheidungen über Ihre Kommunikation in Bezug auf die Marke treffen. Dieses Strategiepapier dient als Richtschnur für die Gestaltung der internen Struktur.

Auch wenn die **Kommunikation** der Marke über alle Unternehmensebenen hinweg von wesentlicher Bedeutung ist, so ist sie doch nur **e i n Bestandteil** des gesamten Brandings.

Die Überbetonung von Kommunikation wird vor allem von Werbeagenturen geprägt, die den Begriff Marke auf Kommunikation und Logo reduziert haben. Bedenken Sie, dass dies falsch ist. Wenn Sie an eine charakteristische Marke wie Coca-Cola denken, fällt Ihnen viel mehr ein als nur ein Logo - nämlich Freude, Erfrischung, Lebensart, gute Gesellschaft und vieles mehr. Das ist die Wirkung, die von einem optimalen Branding ausgehen kann.

1.5 Brand-Personality

Wie Ihr Unternehmen wahrgenommen wird, entscheidet darüber, wie lange es in seiner Branche überlebt.

Im Mittelpunkt dieses Aspekts des Brand-Steering steht der Wert der Marke, der sich auf sieben entscheidende Bereiche stützt: 1. Bekanntheitsgrad, 2. Reputation, 3. Differenzierung, 4. Energie, 5. Relevanz, 6. Loyalität und 7. Anpassungsfähigkeit. Einige dieser Elemente sind leichter aufzubauen (oder auch zu zerstören) als andere. Jeder einzelne Bereich trägt jedoch zum Gesamtwert der Marke bei, und eine Bewertung dieser Faktoren kann Ihnen dabei helfen, die Bereiche auszumachen, die besonderer Marketinganstrengungen bedürfen.

1. Bekanntheitsgrad

Wie ist der Bekanntheitsgrad Ihrer Marke bei der entsprechenden Zielgruppe oder auch innerhalb der Branche? Sind das Logo, der Name und die Identität Ihres Unternehmens bei Kunden und Interessenten bekannt? Wenn ja, sind sie so bekannt wie die Meerjungfrau von Starbucks oder die Zielscheibe von Target? Abgesehen davon, dass man weiß, dass es Sie gibt, weiß man auch, was Sie alles anbieten?

2. Reputation

Nur weil Menschen Ihre Marke kennen, heißt das noch lange nicht, dass sie auch einen guten Eindruck von ihr haben. Was denken diejenigen, die Ihr Unternehmen kennen, über Ihre Marke? Wird Ihr Produkt als hochwertig angesehen, oder sind Sie eine Billigmarke? Bieten Sie hochwertige Produkte, aber einen schlechten Service oder umgekehrt?

3. Differenzierung

Die Fähigkeit Ihrer Marke, sich von der Masse abzuheben, trägt zu ihrem Wert bei. Selbst wenn Ihre Marke nur einen geringen Bekanntheitsgrad hat, kann sie dennoch über einen potenziellen Wert verfügen, wenn sie über einen einzigartigen Markencharakter verfügt oder die Fähigkeit besitzt, sich anderweitig von der Masse abzuheben.

4. Energie

Ein intensives und kraftvolles Image Ihres Brandings verströmt Dynamik und wirkt anziehend. Wenn Sie als kraftvoll und dynamisch wahrgenommen werden, sind Sie üblicherweise auch innovativ und bieten Neues. Und Neuigkeiten wirken belebend.

5. Relevanz

Sie können ein großartiges Produkt und eine ausgezeichnete Marke haben, aber wenn es für Ihre Kunden nicht (mehr oder noch nicht) hilfreich oder lebenswichtig ist, wird Ihnen das nichts nützen. In diesem Fall sollten Sie neue Zielgruppen erschließen und Ihre Marketingbemühungen exakt auf diese ausrichten.

6. Loyalität

Es ist essenziell, herauszufinden, warum Ihre Kunden loyal sind (falls sie es sind). Was müsste geschehen, um Ihre Kunden dazu zu bringen, sich von Ihrer Marke abzuwenden? Würden Ihre Kunden Ihrer Marke treu bleiben, selbst wenn Sie ihnen unangenehme Nachrichten überbringen würden?

7. Anpassungsfähigkeit

Falls Ihre Marke alteingesessen und etabliert ist, kann es schwierig sein, sie in Zukunft auf etwas Neues auszurichten. Könnten Sie ein ähnliches Produkt unter derselben Marke anbieten? Oder könnte die Verbindung mit einem anderen Produkt oder einer Dienstleistung Ihrer Marke eher schaden als nützen?

Viele Entscheidungen in den Bereichen Vertrieb und Marketing, wie zum Beispiel Akquisition, Expansion, Rebranding und sogar eine einfache Jahresplanung, erfordern eine Bewertung der Marke. Wenn Sie Ihre Schwachstellen kennen, können Sie Ihre Bemühungen auf diese Bereiche konzentrieren.

1.6 Achtsamkeit im Marketing

Achtsamkeit. Wenn Sie das Wort aussprechen, erhalten Sie in der Regel zwei Reaktionen: Entweder lieben die Leute es oder sie verdrehen die Augen. Viele Menschen denken bei Achtsamkeit an Yogahosen und acht Stunden langes Sitzen in einem Ashram in Indien. Es könnte auch bedeuten, dass Sie sich den Kopf rasieren und alle Ihre weltlichen Güter spenden. Das ist jedoch nicht richtig. Achtsamkeit ist ein Zustand der aktiven Aufmerksamkeit auf den gegenwärtigen Moment und die Fähigkeit, Gedanken wahrzunehmen, ohne sie als gut oder schlecht zu bewerten.

Die American Psychological Association (APA) definiert Achtsamkeit als „eine von Moment zu Moment wache Wahrnehmung der eigenen Erfahrung ohne Bewertung". Die meisten von uns verbringen ihre Zeit mit der Vergangenheit oder der Zukunft und nur sehr wenig mit dem gegenwärtigen Moment. Und angesichts der vielen Geräte, Bildschirme, und der Werbung, die um unsere Aufmerksamkeit wetteifern, verbringen die meisten von uns ihre Tage in einem Dunst aus To-Do-Lists und sonderbaren Gedanken, ohne tatsächlich präsent zu sein.

Achtsames Brand-Auditing

Nachdem wir nun über Achtsamkeit gesprochen und ein Verständnis für Brand-Auditing bekommen haben, ist es sinnvoll, einen weiteren Begriff im Bereich Brand-Steering anzusprechen, das so genannte *Achtsame Brand-Auditing*. Achtsames Brand-Auditing bedeutet schlicht, sich auf qualitative Fakten zu konzentrieren, das Unterbewusstsein der Stakeholder zu untersuchen und die Wahrheit darüber herauszufinden, was wirklich an Meinungen und Gedanken über Ihre Marke im Bewusstsein der Stakeholder gespeichert ist. Ganz gleich, ob es sich um eine weltweite Marke, ein schnell wachsendes und wohlhabendes Startup-Unternehmen, ein mittelgroßes Unternehmen auf Wachstumskurs, ein Unternehmen, das in eine Fusion oder Übernahme verwickelt ist, oder um einen Konzern mit einem breiten Portfolio handelt - ein achtsames Brand-Auditing ist von entscheidender Bedeutung, insbesondere in einer Welt nach der Pandemie.

1.7 Brand-Steering durch Covid-19 und die aktuelle Ukraine-Krise

Die Covid-19-Pandemie war beispiellos. Noch nie gab es eine gleichzeitige Beeinträchtigung des täglichen Lebens von so vielen Menschen weltweit. Die Auswirkungen der Coronavirus-Pandemie ähneln eher einer Flutwelle. Eine davon hat die Geschäftswelt stark getroffen und viele große und kleine Unternehmen dazu veranlasst, unterzutauchen und sich vorübergehend abzuschotten.

Die Covid-19-Pandemie wird vielleicht als das prägendste Ereignis unserer Zeit in Erinnerung bleiben, das viele wichtige, entscheidende Aspekte unseres Lebens unwiderruflich verändert hat. Wir wurden Zeuge einer Zunahme beim Homeoffice und bei Videokonferenzen. Filmstudios haben Kinofilme für das Streaming produziert und Musiker haben Live-Konzerte via YouTube verbreitet. Einige der Verhaltensänderungen, die durch die Pandemie ausgelöst wurden, werden vielleicht wieder verschwinden, aber andere werden fortbestehen.

Es ist eine aufregende Zeit für die Welt des Brandings. Verbraucher machen sich Sorgen über makroökonomische Probleme, aber sie brauchen auch weiterhin grundlegende Dinge. Wie wollen Sie unter diesen Umständen agieren? Wie vermeiden Sie es, als unsensibel zu erscheinen? Wie gehen Sie mit der Umstellung auf Homeoffice in Ihrem gesamten Unternehmen um und bedienen dabei die Interessen Ihrer Stakeholder?

Bei Konflikten wie dem zwischen Russland und der Ukraine können News über Sie und Ihr Unternehmen aufgrund des politischen Geräuschpegels untergehen. Den folgenden Ansatz sollten Unternehmen in der kommenden Zeit wählen - seien Sie feinfühlig, hilfsbereit und mitfühlend. Zudem sollten Sie Folgendes bedenken:

1. Treffen Sie Entscheidungen, als ob alle Menschen auf der Welt zusehen würden. Unabhängig von der Größe Ihres Unternehmens sollten Sie davon ausgehen, dass Millionen von Menschen weltweit Ihre Inhalte sehen werden. Alles kann sich wie ein Lauffeuer verbreiten. Geben Sie kein schlechtes Vorbild für andere ab.

2. Einfühlungsvermögen ist ein hervorragender Ausgangspunkt für Ihr weiteres Vorgehen. Bedenken Sie, dass jeder Mensch seine Probleme, Schwierigkeiten und Freuden hat. Familien, Kollegen und Angestellte haben möglicherweise Einfluss auf diese Menschen. Betrachten Sie sie zuallererst als Menschen, dann als Kunden oder Klienten. Zeigen Sie zuerst Einfühlungsvermögen und bieten Sie dann Hilfe an.

3. Vermarkter sollten sich an die 80/20-Regel halten, nach der 80% Ihrer Inhalte hilfreich, informativ und bereichernd sein sollten: **emotionale Qualitäten.**

Die anderen 20 % sollten Ihr Publikum über Ihre Marke aufklären, wofür sie steht, warum es sie gibt, wie Sie ihnen helfen können und was Sie tun: die **rationalen Qualitäten**. Passen Sie Ihre Botschaften und einige Ihrer Beiträge an die Nachrichtenlage an. Dies gilt nach neuesten Untersuchungen nicht nur für B2C sondern auch für B2B. Es hat mich viel Überzeugungsarbeit gekostet, dies bei meinen B2B-Kunden zu implementieren. Aber Menschen bleiben Menschen – auch wenn sie geschäftliche Entscheidungen treffen.

4. Nutzen Sie die sozialen Medien sinnvoll. Teilen Sie nützliche Informationen und packende Stories. Informieren Sie Ihre Follower darüber, dass Sie sich Gedanken über die Geschehnisse in der Welt machen, und stellen Sie sicher, dass Ihre Besorgnis aufrichtig und fundiert erscheint.

5. Wenn es um Marketing geht, sollten Sie nicht einfach alles vorplanen, auf Autopilot stellen und dann blind laufen lassen.

Das Problem bei Tools, mit denen Sie Blogbeiträge, Postings und E-Mail-Marketing im Voraus planen können, besteht darin, dass die zu einem anderen Zeitpunkt erstellten Inhalte im Falle einer kurzfristigen Tragödie unpassend erscheinen könnten. Stellen Sie sicher, dass Sie keine unnötigen oder unpassenden Beiträge versenden und dass alle Beiträge berücksichtigen, was in den aktuellen Kontext – die aktuelle Realität passt. Stellen Sie zudem sicher, dass Ihre Perceived Reality mit der Ihrer Zielgruppe im Einklang steht, um Pannen zu vermeiden.

Krisen sind schwer zu bewältigen, aber sie können eine Gelegenheit für Unternehmen sein, ihren Zweck, ihre Werte und ihr Engagement zu zeigen und gleichzeitig auch eine gewisse Anpassungsfähigkeit, Einfallsreichtum und Leidenschaft an den Tag zu legen. Es ist eine Zeit, in der sich die Stärke eines soliden Brandings auszahlt.

Marken sollten sich in diesen Zeiten nicht zu weit aus ihrer Komfortzone herauswagen, aber es ist sinnvoll, auf besondere Bedürfnisse der Kunden einzugehen. Eine Marke kann hier plötzlich Bedürfnisse abdecken, die in normalen Zeiten nicht gefordert sind und somit einen Vertrauensvorschuss bei den Verbrauchern generieren. Für eine Marke ist es wichtig, eine Symbiose zwischen dem Selbstzweck und einem Kundenbedürfnis herzustellen, auf das sie glaubwürdig reagieren kann. Unilever hat zum Beispiel das Versprechen abgegeben, kostenlose Seife, Desinfektionsmittel, Bleichmittel und Lebensmittel zu liefern, wo immer sie benötigt werden. Netflix kündigte Berichten zufolge einen Fonds in Höhe von 100 Millionen Dollar für Kreative an, die wegen der Schließung von Covid-19 nicht arbeiten konnten, während Chipotle virtuelle Mahlzeiten mithilfe von Prominenten sponserte, während sie kostenlose Burritos verteilten.

Viele der Bemühungen mögen als vorübergehende Maßnahmen erscheinen, aber was wäre, wenn dies eine Chance für Marken wäre, herauszufinden, wer sie sind und wer sie dauerhaft sein wollen? Für Unternehmen ist es eine Gelegenheit, sich grundlegend zu verändern, indem sie ihre Mission von Worten auf Taten umstellen, Konkurrenten als mögliche Partner betrachten und ihre Macht für die soziale Wirkung und nicht überwiegend für den kurzfristigen Profit einsetzen. Marken haben die Möglichkeit, das Richtige zu tun. Dies wird ihnen in dieser komplexen und herausfordernden

Zeit helfen und sie gleichzeitig für einen langfristigen Erfolg in einer Welt positionieren, die sich nach der Pandemie möglicherweise stark verändert hat.

Neben den alltäglichen Herausforderungen um Marktanteile, um sich Gehör zu verschaffen oder um eine Marktlücke zu füllen, stehen wir heute vor einem Kampf der anderen Art. Man kann mit Sicherheit davon ausgehen, dass die meisten Unternehmen, unabhängig von der Branche, in irgendeiner Weise von Covid-19 betroffen sind und mit erheblichen wirtschaftlichen Folgen zu kämpfen haben - nur die Zeit wird zeigen, wie schwerwiegend diese Folgen sind. Während wir alle unser Bestes tun, um uns in diesen schwierigen Zeiten über Wasser zu halten, dürfen wir uns nicht auf Urinstinkte verlassen, sondern müssen mit erhöhter Achtsamkeit an die Sache herangehen. Die angemessenste Antwort des Marketings auf einen kulturellen Wandel, der so dramatisch ist wie der von Covid-19, ist eine menschliche Antwort. Sie müssen Ihre Marke mit noch mehr Einfühlungsvermögen, Feingefühl und durchdachten Botschaften durch das Auge des Sturms navigieren.

In seinem kürzlich erschienenen Buch schreibt Marc Benioff: „Innovation kann sich nur dann in eine positive Richtung bewegen, wenn sie auf aufrichtigen und fortlaufenden Versuchen beruht, die gesamte Menschheit weiterzuentwickeln."

Auch wenn jede Marke einzigartig ist, sind wir mit derselben Wirklichkeit konfrontiert: Der einzige Weg aus dieser Krise führt über sie hinaus. Wie auch immer diese Reise für Ihre Marke aussehen mag, bringen Sie die höchste Wertschätzung und Fürsorge für den uns umgebenden Planeten mit. Während wir alle hart daran arbeiten, uns über Wasser zu halten, Krisen zu bewältigen, schwierige Entscheidungen zu treffen und unsere Unternehmen auf den kommenden Sturm vorzubereiten, dürfen wir das Einzige, das uns alle retten wird, nicht übersehen: unsere Kunden.

Lassen Sie nicht zu, dass der Kampf ums Überleben Ihre Fähigkeit beeinträchtigt, Ihre Kunden zu betreuen, denn wenn es etwas gibt, das Ihnen helfen wird, diesen Sturm zu überstehen, dann sind es Ihre treuen Kunden, die Ihren Erfolg ermöglicht haben und dies hoffentlich auch weiterhin tun werden, sobald sich der Sturm gelegt hat.

1.8 Achtsamkeit nach Covid und der globalen Krise

Die zurückliegende Zeit war einzigartig und sie erforderte eine andere Art von Führungskraft, die auch in Zeiten der Ungewissheit zu steuern wusste und gleichzeitig genug Einfühlungsvermögen und Motivation aufbrachte, den Mitarbeitern Hoffnung zu geben. Und genau an diesem Punkt hilft Ihnen eine bewusste Achtsamkeit weiter.

Angenommen, die Pandemie hätte uns etwas gelehrt. Wenn das der Fall ist, dann schafft der Wert, der mit der Achtsamkeitspraxis verbunden ist, eine grundlegende seelische und geistige Stärke und ebnet auch den Weg für zuversichtliches Handeln und überlegte Entscheidungen. Führungskräfte, die sich in Achtsamkeit üben, können selbst unter turbulenten Umständen Ruhe bewahren, was zu einer größeren Klarheit der Gedanken führt.

Achtsamkeit ist für das Wohlbefinden der Mitarbeiter wichtiger denn je. Viele Mitarbeiter sind den Auwirkungen des Homeoffices noch nicht vertraut. Die Aussicht, nicht mehr zur Arbeit pendeln zu müssen, hat viele, die zum ersten Mal von zu Hause aus arbeiten, sofort in ihren Bann gezogen. Nach ein paar Wochen wurde ihnen aber klar, dass es unglaublich schwierig sein kann, produktiv zu sein, wenn man nicht im Büro ist. Die Gewohnheiten, die sie aufgebaut hatten und die darin bestanden, außerhalb des eigenen Zuhauses zu arbeiten, gab es nicht mehr. Dies verlangte von Arbeitnehmern eine Umstellung ihrer Geisteshaltung und die Anpassung an neue Gewohnheiten, die für sie gewählt worden waren. Arbeitnehmern litten unter Sorgen, Stress, Wut, Traurigkeit und anderen negativen Gemütszuständen, als die gewohnte Struktur wegfiel. Heute sehen sich Arbeitnehmer mit einer Reihe neuer Probleme konfrontiert. Viele Eltern mussten sich zum Beispiel darauf einstellen, bei der Arbeit von ihren Kindern umgeben zu sein, da viele Schulen ihre Schüler ebenfalls auf Online-Lernen eingestellt haben. So sehr Eltern ihre Kinder auch lieben, so leicht langweilen sich die Kleinen, was die Geduld und Toleranz der meisten Eltern schnell erschöpfen kann.

Deshalb müssen sich Unternehmen nach Covid-19 die Achtsamkeit zu eigen machen und ihre Mitarbeiter dazu ermutigen, sich ebenfalls darin zu üben. Laut einer Studie zu diesem Thema fördert Achtsamkeit langfristig die Widerstandsfähigkeit, die geistige Beweglichkeit, die Kreativität und einen konzentrierten und kreativen Geist. Können Sie spüren, wie sich Ihre Schultern entspannen? Sie können versuchen, zu sich selbst zu sagen: „In diesem Moment herrscht kein Stress". Das ist eine beliebte Übung der Achtsamkeit, die sowohl einfach als auch wirkungsvoll ist. Sprechen Sie es einfach langsam und bedächtig aus.

Nach den Ereignissen in der Ukraine und den gegen Russland verhängten Wirtschaftssanktionen erlebt die Welt einen starken Anstieg der Energiepreise mit weitreichenden Auswirkungen auf Haushalte und Unternehmen. Nun fragen sich Unternehmen, was sie in Bezug auf Marketing in sozialen Medien posten oder per E-Mail verschicken sollten und was nicht. Im Folgenden finden Sie einige Vorschläge für den Umgang mit dieser Art von weltweiten Problemen. Einige Beiträge in sozialen Medien und E-Mail-Kampagnen müssen möglicherweise für Sie und Ihre Kunden auf Eis gelegt werden. Es mag nicht angemessen oder notwendig erscheinen, sie zu diesem Zeitpunkt zu posten, insbesondere wenn man bedenkt, wie sicher und geschützt sie im Vergleich zu den Menschen in der Ukraine sind.

Es ist durchaus annehmbar, einen Gang zurückzuschalten. Wie wir bereits besprochen haben, sollte man sich jedoch nicht blind und taub stellen. Während der Konflikt in der Ukraine also weiter wütet, ist es wichtig, dass Sie in Ihrem Marketing nicht unsensibel sind, vor allem, wenn Ihr Unternehmen Niederlassungen in der Ukraine, in Russland oder in Osteuropa hat. Marken müssen sich umorientieren, anpassen und die Menschen in den Mittelpunkt stellen, so wie sie es während der Covid-19-Pandemie getan haben. Im Folgenden finden Sie einige weitere Strategien, die Sie oder Ihr Unternehmen anwenden können, um von Ablenkung zu Achtsamkeit zu gelangen:

- Unternehmen müssen auf Achtsamkeit basierende Programme zur Stressreduzierung in ihr Schulungsprogramm aufnehmen und ihren Mitarbeitern eine klare Botschaft der Unterstützung und Anerkennung übermitteln. Daraus muss hervorgehen, dass dieses Thema wichtig ist, dass es in Ordnung ist, Hilfe zu benötigen, und dass Verständnis aufbringen. Dies verbessert sich erheblich, wenn das Unternehmen Communitys of Practice einrichtet, in denen sich Kollegen zu Diskussionen treffen können, um sich auszutauschen, zu lernen und sich gegenseitig zu helfen.

- Viele Mitarbeiter lieben Herausforderungen. Warum also veranstalten Sie nicht einen einmonatigen Achtsamkeitswettbewerb, bei dem derjenige gewinnt, der die meisten achtsamen Minuten absolviert? Viele Skeptiker haben sich von dieser neuen Welt der Achtsamkeit und ihren Vorteilen überzeugen lassen.

- Und schließlich können Unternehmen im Rahmen des bewährten Multi-Experience-Ansatzes davon profitieren, eine der vielen verfügbaren Achtsamkeits-Apps einzusetzen. Die bekannte Software Headspace eignet sich hervorragend für Kinder und Jugendliche und entspannt indirekt die Psyche eines gestressten Angestellten, der seine Kinder zu Hause unterrichtet.

Achtsamkeit fördert die geistige Flexibilität und die Entwicklung eines konzentrierten, forschenden und kreativen Geistes. Es ist von Vorteil, Strategien zu erkunden, um in kleinen Schritten einen gesunden und widerstandsfähigen Verstand zu entwickeln, der weniger anfällig für Unterbrechungen ist und die Aufmerksamkeit aufrechterhält. Unternehmen profitieren davon, wenn sie in eine starke mentale Gesundheit investieren und diese fördern und sich auf einen ganzheitlichen Ansatz zur Erreichung von Kennzahlen bei der Arbeit konzentrieren. Die Menschen sind mental bereit, ihr Bestes zu geben und ihr vollständiges Ich zur Arbeit mitzubringen.

1.9 Warum es funktioniert

Die Befürworter der Achtsamkeit können ihre Vorzüge nicht hoch genug betonen. Hunderte von wissenschaftlichen Forschungsartikeln haben die Nützlichkeit der Achtsamkeit bewiesen. Dazu gehören Vorteile wie die Verringerung von Stress, die Reduzierung von schädlichen Grübeleien, die Verbesserung der allgemeinen Gesundheit und der Schutz vor Ängsten. Nach Angaben der *APA* verbessert Achtsamkeit auch das Arbeitsgedächtnis, die Aufmerksamkeit, die kognitive Anpassungsfähigkeit und die Problemlösungsfähigkeiten. Doch was bedeutet das in einer Welt der knappen Zeitpläne und der schwindenden Aufmerksamkeit der Kunden für Marketingfachleute?

Marketingfachleute, die Achtsamkeit praktizieren, berichten, dass sie sich besser konzentrieren können und zunehmend in der Lage sind, sich von Stressfaktoren und negativen Gedanken zu distanzieren, was sie zu kreativeren Problemlösern macht und ihnen mehr Klarheit und größere Wirksamkeit in ihrem Geschäft verleiht. Laut einer Studie des *Institute of Mindful Leadership* half das Training in Achtsamkeit 93% der befragten Führungskräfte dabei, Raum für Kreativität zu schaffen. Es verbesserte ihre Fähigkeit, sich selbst und anderen zuzuhören, um 89% und half ihnen, strategischer zu denken, wobei sich der Anteil des strategischen Denkens um 70% erhöhte.

Craig Davis, Mitbegründer von *Sendle* und Verfechter der Achtsamkeit, stellt fest, dass die meisten von uns in hohem Maße abgelenkt sind und dass es zur menschlichen Natur gehört, sich mit der Zukunft oder der Vergangenheit zu beschäftigen. Wir tragen noch mehr dazu bei, indem wir uns mit Technologien und Geräten ablenken und infolgedessen wenig auf das achten, was um uns herum vorgeht. Wenn dies der Fall ist, leidet unsere Fähigkeit, unseren Beitrag zu leisten und Entscheidungen zu treffen.

In der heutigen Gesellschaft betreibt jeder Multitasking und erreicht dabei doch nicht viel. Es ist erwiesen, dass Multitasking Ihren IQ schnell um 12 Punkte senkt, was dem Verlust einer ganzen Nacht Schlaf entspricht. Wir verdummen uns einfach selbst. Pausen sind in Ordnung. Wir sind Menschen, und acht Stunden am Stück zu arbeiten ist wenig zielführend. Das Ergebnis einer gesünderen Work-Life-Balance sind glücklichere Menschen, die sich bei der Arbeit mehr engagieren und sich selbst verwirklichen können. Unsere Gedanken schweifen etwa 47% der Zeit ab. Die offensichtliche Folge ist, dass die Menschen sich nicht immer auf das konzentrieren, was sie gerade tun. Sie sind sich nicht bewusst, dass sie die Kontrolle über ihre Gedanken haben und ihre Aufmerksamkeit je nach Bedarf verschieben können. Beachten Sie, dass Sie auswählen können, worauf Sie sich konzentrieren möchten, und dass Sie dadurch leistungsfähiger und präsenter werden.

1.10 Wie Sie dieses Ziel erreichen

Um dieses Ziel zu erreichen, müssen Sie nicht in einer Höhle leben. Es ist ganz einfach: Legen Sie Ihre elektronischen Geräte weg und verlassen Sie Ihren Schreibtisch. Beseitigen Sie alle Ablenkungen, und konzentrieren Sie sich auf Ihren Atem. Achten Sie darauf, wie sich Ihr Brustkorb beim Ein- und Ausatmen hebt und senkt. Entspannen Sie Ihren Körper mit jedem Einatmen. Und während Sie das erste Mal einatmen, fragen Sie sich: „Was ist jetzt im Moment wirklich wichtig?"

Achtsamkeit kann sich auf vielfältige Weise ausdrücken. Wir untersuchen den aktuellen Stand der Dinge (was wir wissen), bevor wir zu den Ideen für die Zukunft übergehen, wo wir mit großen Ideen und Gedanken experimentieren. Dann diskutieren wir die Bedeutung dieser Ideen und erstellen im Anschluss an die Diskussion einen Aktionsplan, in dem wir beschreiben, wie wir dorthin gelangen. Wahre Achtsamkeit entsteht aus unserer Fähigkeit, zukünftige Ideen fließen zu lassen, ohne der Versuchung zu folgen, alles sofort zu lösen. Für viele Menschen ist dies kein natürlicher Zustand. Aber wenn es gelingt, dann geschehen unglaubliche und unerwartete Dinge.

Anne Miles, Geschäftsführerin und Gründerin von *Suits&Sneakers*, definiert Achtsamkeit für Kreative als die Fähigkeit, den Lärm des Alltags auszublenden und sich wieder mit der Quelle der Kreativität zu verbinden: „Normalerweise müssen sich Kreative in diese Zone begeben, und das, obwohl sie in einem überfüllten Raum an ihrem Schreibtisch sitzen. Dabei haben sie oft Leute am Hals, die darauf warten, dass sie eine Deadline einhalten. Die erfolgreichste Methode besteht darin, ihre Aufmerksamkeit auf einen Punkt an der Wand oben rechts zu lenken - hierbei nutzen Sie den für das Visuelle zuständigen Bereich ihres Gehirns. Zwei Minuten ununterbrochenes Anstarren dieses Punktes reichen aus, um in die kreative Zone zu gelangen. Das ist beschleunigte Achtsamkeit."

Seit der Etablierung der Achtsamkeit hat sich die Produktivität erhöht, was die Zusammenarbeit der Mitarbeiter auf neuartige Weise ermöglicht. Wir verlangen viel von anderen, daher ist es wichtig, dass wir unsere Gedanken im Griff haben. Wir können die Anforderungen zwar nicht aufhalten, aber wir können ein Instrumentarium bereitstellen, das den Menschen hilft, ihr Wohlbefinden zu steuern. Es muss jedoch zur Gewohnheit werden. Dazu kann Ihr Unternehmen wöchentliche Meditationssitzungen und Wellnesstage veranstalten, bei denen sich die Teams dreißig Minuten lang mit entsprechenden Schulungsthemen beschäftigen. Dies zeigt den Mitarbeitern, dass sie Ihnen wichtig sind, verbessert die Unternehmensleistung und fördert die Bindung an das Unternehmen und die Produktivität - und das alles, während Sie die besten Mitarbeiter anziehen und halten.

Entscheidend ist, dass Sie den Mitarbeitern erlauben, ihr eigenes Tempo zu gehen. Nichts sollte erzwungen oder verlangt werden, sondern muss aus einer echten Haltung heraus geschehen. Ein paar Minuten geführte Meditation bringen die Menschen wieder auf den Boden der Tatsachen zurück, so dass sie produktiver sein und agieren können, anstatt zu reagieren. Sie sind sich bewusster, was in einem bestimmten Moment vor sich geht. Wenn sie einen Raum betreten, erden sie sich, indem sie einen Stuhl berühren und sich auf die Atmung konzentrieren. Sie führen einen Selbstcheck durch. Und das alles ist kostenlos.

Achtsamkeit ist eine Methode, um mit der sich ständig verändernden Umgebung in der Marketingwelt umzugehen. Neue Technologien und datengesteuerte Methoden haben nicht nur zu einem erheblichen Mangel an Fachkenntnissen geführt, sondern auch dazu, dass Marketingspezialisten mit ihren neuen Aufgaben überfordert sind. Wenn Sie achtsam sind, werden Sie nicht durch vergangene Erfahrungen oder Zukunftsängste beeinträchtigt. Sie lassen Ihre subjektiven Gedanken los und nehmen die Welt objektiv wahr, was für die Entwicklung kreativer Ideen von entscheidender Bedeutung ist. Zudem: Wenn Sie Achtsamkeit praktizieren, werden Sie einfühlsamer.

Sie können die Sichtweise anderer Menschen verstehen und sich besser in deren Bedürfnisse hineinversetzen, was bei der Änderung des Verhaltens hilfreich ist. Und schließlich lernen Sie durch das Üben von Achtsamkeit Bewältigungsstrategien für den Umgang mit Stress.

1.11 Fazit

Als Führungskraft können Sie durch die Förderung von Achtsamkeit die Kultur am Arbeitsplatz, die Zufriedenheit der Mitarbeiter und die Produktivität erheblich beeinflussen. Wenn Sie Ihr Unternehmen als ein Unternehmen positionieren, das die Spannungen des Vermarktungsprozesses abbaut, wird sich Ihr Unternehmen von anderen abheben und Mitarbeiter und Kunden anziehen.

Jeff Bezos, CEO Amazon

Your brand is
what people
say about you
when you are
not in the
room.

MarkenArchitekten . BrandArchitects
My-mindguide.com

2

IHRE Marke - ganz persönlich.

Befragen Sie Ihre Marke, als ob diese Ihr menschliches Gegenüber wäre

In Marketing- und Führungsteams erlebe ich häufig einen Mangel an Einigkeit darüber, welche Brandingstrategie verfolgt oder wie kommuniziert werden sollte. Im Allgemeinen ist dies das Ergebnis einer Kultur, die Marken als Waren oder Objekte betrachtet. Dies sollte jedoch nicht der Fall sein. Dieser Gedanke mag auf den ersten Blick seltsam erscheinen, aber er ist eine wohlbegründete, psychologische Erkenntnis. Wenn ein Marketingteam dies einmal erkannt hat, kann es ein wirksames Mittel sein, um alle an Bord zu holen, was die Strategie angeht, und um die Marke mit einer angemessenen Kommunikation zu unterstützen. Marken sind mehr als nur ein Logo und eine Sammlung von Farben und Schriftarten. Eine *Marke* ist die Bedeutung, die Ihr Zielpublikum mit Ihrem Produkt assoziiert. Die Vorstellung, dass Ihre Marke eine Person ist, kann Ihnen dabei helfen, die Wahrnehmung neu auszurichten

Der Begriff *Brand Anthropomorphism* beschreibt den Prozess der Vermenschlichung von Marken. Das heißt, Sie machen Ihre Marke menschlicher, indem Sie sie mit Blick auf menschliche

Eigenschaften wie Kleidung, Sprache, Verhalten und dergleichen betrachten. Wie sieht die Hintergrundgeschichte Ihres Brandings aus? Wie stellt sie eine emotionale Verbindung zu den Kunden her? Wenn Sie Ihre Zielgruppe gut kennen, wenn Sie wissen, wie sie sich selbst sieht und was sie motiviert, und wenn Sie diese Erkenntnisse mit einer Kommunikation kombinieren, die Ihrem Publikum hilft, sich mit der Bedeutung Ihrer Marke zu identifizieren, sind Sie auf dem besten Weg, ein hohes Level an Markenbindung und -loyalität zu erreichen.

2.1 Auf das Wesentliche reduziert

Stellen Sie sich vor, dass Sie in Ihrem Leben etwas Bestimmtes vorhaben. Nehmen wir an, Sie möchten Italien bereisen, haben aber keine Ahnung, wohin Sie fahren, was Sie sehen wollen oder wie Sie das anstellen sollen. Sie haben einen Freund, der vor ein paar Jahren für sechs Monate in Italien gelebt hat. Als Sie sich mit diesem Freund getroffen haben, haben Sie mit ihm über Ihre Pläne gesprochen, sich beraten lassen und um Rat gefragt. Sie haben sich an diese Person gewandt, um Ihren Wunsch nach einer Beratung und nach Wissen zu befriedigen. Wenden wir uns einem anderen Thema zu: Sie hatten eine harte Woche. Sie möchten sich am Freitagabend amüsieren, lachen und feiern. Also rufen Sie einen Freund an, von dem Sie wissen, dass er ein angenehmer Zeitgenosse ist, und fragen ihn, ob Sie den Abend mit ihm verbringen können. Sie wenden sich an diese Person, um Ihren Wunsch nach Unterhaltung zu befriedigen.

Tatsächlich nehmen wir Marken auf dieselbe Art und Weise wahr. Suchen Sie nach Informationen über Reisen? Gehen Sie zu Trailfinders oder einem Reiseveranstalter wie Thomas Cook. Möchten Sie sich unterhalten lassen? Schauen Sie Netflix.

Möchten Sie laufen gehen? Machen Sie sich auf den Weg zu Nike. Benötigen Sie einen Computer, der sich über alle Regeln hinwegsetzt? Gehen Sie in einen Apple Store. Möchten Sie Ihre Kindheit wieder aufleben lassen? Holen Sie sich eine Cola. In unserer Fantasie nehmen Marken die Rolle von Menschen ein. Wir wenden uns an sie, um unsere Ziele zu erreichen. Wir denken über Marken auf die gleiche Weise wie über Menschen.

2.2 Brand-Behavior

Marken sind wie lebendige Wesen. Sie werden geboren, sprechen, handeln, helfen uns, werden älter und manchmal sterben sie auch. Einige Marken haben unser Herz erobert, andere verachten wir. Sie helfen uns bei unseren Entscheidungen. Wenn wir uns mit ihnen verbinden, erfahren wir etwas über uns selbst. Was bedeutet das alles? Wenn Sie die Persönlichkeit Ihrer Marke kennen, verfügen Sie über einen Leitfaden dafür, wie sich Ihre Marke bei der Entwicklung von Marketing- und Kommunikationsstrategien verhalten wird.

Falls Ihre Marke ein Quell des Wissens ist und Menschen zu Ihnen kommen, um seriöse Informationen und Erkenntnisse zu erhalten, sollten Sie in Ihren Texten keine Scherze oder unterhaltsamen Wortspiele verwenden. Sie werden sich so verhalten, wie es die Kunden von einer intelligenten Person erwarten. Falls Ihre Marke im Entertainment-Sektor beheimatet sein sollte, werden Sie und Ihr Team verstehen, dass biedere Unternehmensgrafiken und riesige Textabschnitte nicht widerspiegeln, wer Sie sind, und bei Ihrer Zielgruppe nicht gut ankommen. Kauderwelsch und seriöse Konversation haben in der Präsentation Ihrer Marke nichts zu suchen. Stattdessen sind lebendige Farben und Bilder besser geeignet.

2.3 Die Präsentation Ihrer Marke

Das Wissen um die Persönlichkeit Ihrer Marke wird Ihnen bei der Konzeption von Briefings helfen. Wenn es um Menschen geht, repräsentiert die Kleidung deren Persönlichkeit. Das Gleiche gilt für Marken. Kongruenz lautet das Zauberwort - die Verpackung muss auf den Inhalt schließen lassen, andernfalls wird die Bedeutung, die die Menschen aufgrund Ihrer Marketingstrategien mit Ihrer Marke assoziieren, in Frage gestellt. Sie werden Ihnen dann nicht vertrauen, was es Ihnen schwer macht, Geschäfte abzuschließen. Die Körpersprache verrät viel über eine Person - wie sie sich verhält und wie sie sich selbst darstellt. Wie würde Ihre Marke einen überfüllten Raum betreten, wenn sie eine Person wäre? Würde sie hinein tanzen? Wäre sie unaufdringlich? Oder vielleicht schüchtern?

Wie kommuniziert Ihre Marke? Wie lautet der Tonfall Ihres Unternehmens? Wie Menschen geben auch Marken Informationen sowohl in schriftlicher als auch in mündlicher Form weiter. Wenn Sie nicht wissen, wer Sie sind, könnten die Kommunikationsstrategien Ihres Brandings verwirrend und unzusammenhängend wirken. Wenn Sie sich nicht auf eine kongruente Marketingstrategie einigen können, zoomen Sie gewissermaßen heraus und betrachten Sie Ihr Branding wie die Verhaltensweisen eines Menschen. Verleihen Sie Ihrem Brandingcharakter einen Hauch von Individualität. Dann können Sie bei der Festlegung der Art und Weise, wie sich ihr Branding präsentieren soll und wie sie sich im Hinblick auf das Marketing gerieren wird, strategischer vorgehen.

2.4 Stellen Sie die richtigen Fragen

Die Schaffung einer Brand Indentity ist keine oberflächliche Angelegenheit mit nicht messbarem Nutzen. Stattdessen kann sie das entsprechende Framing für Loyalität und Kundenbindung schaffen und damit einen erheblichen Wettbewerbsvorteil generieren.

Wir leben in einer Zeit des digitalen Darwinismus oder extremer Umwälzungen. Marken, die klar definiert sind und die richtigen Marketingmethoden anwenden, werden mit größerer Wahrscheinlichkeit überleben und gewinnen.

2.5 Ihre Fragen zur Brand Identity

Die Kreation einer überzeugenden Brand Identity ist ein wesentlicher Bestandteil des auf Wachstum ausgelegten Marketings. Eine Marke sollte niemals isoliert betrachtet werden. Ohne eine gut ausgearbeitete und sorgfältig gepflegte Brand Identity wird Ihr Marketing stets eindimensional wirken.

Bedenken Sie dies: Sie fühlen sich stärker mit Menschen verbunden, mit denen Sie sich identifizieren. Das Gleiche gilt auch für Brandings. Wenn Sie glauben, dass eine Marke Sie „versteht", sind Sie viel eher geneigt, deren Produkte zu kaufen und sich dafür einzusetzen. Wenn ihre Kunden nicht zu Fürsprechern Ihrer Brand Identity werden, werden Sie auf lange Sicht keinen Erfolg haben. Wachstumspotenzial wird durch einen Motor mit verschiedenen Komponenten erzeugt, die alle mit maximaler Leistungsfähigkeit arbeiten müssen, damit man sich mit Wettbewerb behaupten kann. Die Empfehlungen Ihrer Zielgruppe ist einer dieser Komponenten. Alles, was Sie für das Wachstum Ihres Brandings tun, sollte auch auf diese Komponente ausgerichtet sein. Deshalb ist die Identität Ihrer Marke so wichtig.

Wenn Sie Ihren Marktanteil vergrößern wollen, müssen Sie den Aufbau der Brand Identity beherrschen. Dieser Prozess beginnt idealerweise bereits, *bevor* Sie mit Ihren Kunden interagieren. Was kommt Ihrer Zielgruppe primär in den Sinn, sobald diese mit Ihrem Brand in Berührung kommt? Die Identifikation ihrer Zielgruppe mit Ihrer Brand Identity muss deshalb so hoch wie möglich sein, sonst erscheinen Sie beliebig.

2.6 Was ist eine Brand Identity und warum brauche ich eine?
Ihre Brand Identity bestimmt, wie Sie von Ihrer Zielgruppe wahrgenommen werden. *Snap Marketing* bringt es noch prägnanter auf den Punkt: „Die Brand Identity ist das Gesicht Ihres Unternehmens". Wenn Sie nicht über eine umfassende, klar definierte Brand Identity verfügen, weiß Ihr Publikum möglicherweise nicht genau, was Sie ausmacht. Und wenn man nicht weiß, wer Sie sind, wird man auch nicht für Sie werben. Es ist wichtig zu verstehen, dass die Identität einer Marke etwas anderes ist als das Branding. Sie ist das Ergebnis einer effektiven Markenstrategie. Die Brand Identity unterscheidet sich auch von der Visual Identity, auch wenn Vermarkter diese beiden Begriffe häufig vermischen.

Die Brand Identity besteht aus:
- Der Visual Identity
- Der Stimme, mit welcher Sie kommunizieren
- Vorgelebte Werte
- Dem Markencharakter
- Ihre Brand Message

Diese fünf Elemente wirken zusammen, um das Aussehen, das Auftreten und die Tonalität Ihres Unternehmens nach außen hin zu gestalten. Das fünfte Element ist jedoch das wichtigste.

Wenn Ihre Message Ihren Zielmarkt nicht inspiriert und motiviert, bei Ihnen etwas zu kaufen, haben Sie etwas verpasst. Und wenn ein Konkurrent dies besser wahrnimmt, wird er Ihnen den Rang ablaufen, unabhängig davon, ob er ein besseres Produkt oder eine bessere Dienstleistung hat.

Wie können wir also diese fünf Aspekte richtig angehen? Überlegen Sie sich dazu die folgenden Fragen.

1. Wer ist Ihr idealer Kunde?
Wenn Ihr Unternehmen noch keine Profilliste Ihrer potenziellen Kunden erstellt hat, ist dies ein guter Zeitpunkt, damit zu beginnen. Ihre Buyer Personas sollten fast alle Aspekte Ihrer Brand Identity widerspiegeln. Finden Sie heraus, was Ihre Buyer Personas an einer Marke schätzen. Wonach suchen diese Menschen? Bevorzugen sie langfristige Partnerschaften oder Benutzerfreundlichkeit? Wenn Sie die Probleme und Prioritäten Ihrer zukünftigen Kunden verstehen, können Sie eine aussagekräftige Identität aufbauen.

2. Welche Probleme lösen Sie?
Kunden suchen nicht nach Ihrem Unternehmen, weil ihr Leben perfekt ist. Sie bieten mit Sicherheit ein Produkt oder eine Dienstleistung an, die ein Problem Ihres Kunden löst. Vielleicht bieten Sie eine Software für persönliche Finanzangelegenheiten an, und Ihr Kunde hat es satt, sein Bankkonto zu überziehen. Vielleicht bieten Sie Schulungen zur Einhaltung von Vorschriften an, und Ihre Kunden sind besorgt über die Geldbußen, die ihnen drohen. Ihre Kunden benötigen Ihre Dienstleistungen, weil sie einen gewissen Leidensdruck verspüren oder ein Problem haben.

Die Identität Ihrer Marke sollte verdeutlichen, wie Sie diese Probleme angehen. Bieten Sie Seelenfrieden? Leistungsfähigkeit am Arbeitsplatz? Den komfortabelsten Lieferservice für Bürobedarf? Wie auch immer Ihre Marke bei den Kunden ankommt, Ihre Fähigkeit, Probleme zu lösen, sollte im Mittelpunkt Ihrer Markenidentität stehen.

3. Welche Merkmale besitzen Sie?
Der Markencharakter umfasst alle menschlichen Eigenschaften, die mit einer Marke verbunden sind. Kunden können sich auf menschlicher Ebene mit den Marken identifizieren, die einen ausgeprägten und gut definierten Charakter haben, was ihnen einen sofortigen Sympathieschub verleiht.

Menschliche Persönlichkeiten sind selten eindimensional. Das sollte auch bei Marken nicht der Fall sein. Berücksichtigen Sie bei der Entwicklung Ihres Charakters zunächst Archetypen. Einige Beispiele für bekannte Marken und entsprechende archetypische Persönlichkeiten sind:

- Apple: Individuell
- Subway: Gesundheitsorientiert
- Whole Foods: Harmonisch

4. Wie sieht es mit Ihrer Konkurrenz aus?
Eine Competitor Analysis ist ein hervorragender Ausgangspunkt für die Entwicklung einer Marketingstrategie. Abhängig von Ihrem Unternehmen und dem Umfang der Konkurrenz, mit der Sie es zu tun haben, können die Erkenntnisse, die Sie von Ihren Konkurrenten über Ihre Marke gewinnen können, ganz unterschiedlich ausfallen.

Ihre Konkurrenten könnten ein Paradebeispiel für eine nicht klar definierte Brand Identity sein. Möglicherweise haben sie ein allgemein gehaltenes Logo und eine wenig bis gar nicht konsistente sprachliche Ausdrucksweise über alle digitalen Kanäle hinweg. Vielleicht haben sie aber auch eine hervorragende Brand Identity, die unverwechselbar, präzise und äußerst ansprechend ist. Nutzen Sie den Zustand Ihrer Konkurrenten als Ausgangspunkt für die Entwicklung einer Markenidentität, die objektiv besser ist, unabhängig davon, wo sie stehen.

5. Wie fühlen sich Ihre Kunden bei Ihnen?
Wenn Sie sich die Gespräche mit neuen, zufriedenen Kunden anhören, können Sie eine Fülle von Erkenntnissen darüber gewinnen, wie sie sich bei Ihnen fühlen. Was sagen Ihre zufriedensten Neukunden, wenn sie sich an Ihr Vertriebsteam oder Ihre Kundenbetreuung wenden? Empfinden diese:

- Erleichterung?
- Begeisterung?
- Neu gewonnene Kraft?

Das häufigste und angenehmste Gefühl, das mit Ihrer Firma verbunden wird, ist eine entscheidende Grundlage für die Entwicklung einer Brand Identity. Nutzen Sie dieses Gefühl, um die besten Farben und Schriftarten für Ihre Visual Identity zu wählen.

6. Was macht Sie einzigartig?
Was bietet Ihre Marke, was Ihre Konkurrenten nicht haben? Wie können Sie dies in Ihrer Markenidentität vermitteln? Eines der auffälligsten und bekanntesten Lebensmittelgeschäfte

für Bio-Produkte ist Whole Foods Market. Das Emblem der Marke enthält ein grünes Blatt, das die Besonderheit der Marke wirkungsvoll kommuniziert.

Es ist wichtig, zu berücksichtigen, dass es nicht ausreicht, nur einzigartig zu sein. Sie müssen sich aktiv darum bemühen, einen Unterschied zu machen. Das bedeutet, dass Sie sich bewusst auf eine Besonderheit festlegen und diese Nische bedienen müssen. Jeder, der schon einmal bei Whole Foods eingekauft hat, weiß, dass es in dem Lebensmittelgeschäft nicht ums Geld geht. Whole Foods kann nicht über den Preis konkurrieren, um seine Nische mit frischen, regionalen und einzigartigen Lebensmitteln zu halten - und in Anbetracht der Brand Identity ist das auch völlig in Ordnung.

7. Wie lautet Ihre Message?
Die Geschichte Ihrer Marke ist ein wesentlicher Bestandteil des Markenbildungsprozesses. Sie umfasst sowohl Ihre tatsächliche Geschichte (beispielsweise, wie und warum Sie gegründet wurden) als auch die Lebensgeschichte Ihres Kunden.

Ihr Kunde sollte durch die Geschichte Ihrer Marke zur Markenikone werden. Diese Geschichte kann als Grundlage für die Gestaltung von Marketingmaterialien dienen. Vielleicht können Sie dem Kunden helfen, ein leistungsfähigerer Angestellter zu werden, was dazu führt, dass er von seinem Vorgesetzten viel Lob erhält. Vielleicht helfen Ihre Finanzierungsprodukte dem Kunden dabei, sein erstes Haus zu kaufen und eine Familie zu gründen.

8. Wie steht es mit Ihrer derzeitigen Brand Identity?
Unabhängig davon, ob Ihr Unternehmen in der Vergangenheit eine Fokus auf diesen Aspekt gelegt hat, verfügen Sie über eine

gewisse Identität, wenn Sie eine Internetpräsenz haben, selbst wenn diese nicht sehr stimmig oder klar definiert ist.

Wenn Ihr Unternehmen ein Rebranding oder eine Initiative zur Neudefinition der Marke plant, sollten Sie sich überlegen, warum Sie das tun. Ist Ihre derzeitige Marke so schlecht definiert, dass sie praktisch nicht mehr vorhanden ist? Haben Sie einen neuen CEO eingestellt oder eine neue Eigentümergruppe gebildet, die die Kultur Ihres Unternehmens radikal verändert hat? Aus welchem Grund ist welche Anpassung erforderlich?

In der Regel haben die meisten Unternehmen keinen wirklichen Grund für ein Rebranding, vor allem weil ein Rebranding negative Folgen haben kann. Wenn Sie einen neuen CEO einstellen, kann es sein, dass Sie infolgedessen ein neues Logo erhalten, weitere Kommunikationskanäle schaffen oder sich mit neuen Agenturen einlassen, vor allem weil sich der Arbeitsstil der neuen Führungskraft unterscheidet. Bevor Sie sich für ein Rebranding entscheiden, sollten Sie das Bewusstsein Ihres Zielpublikums berücksichtigen. Wenn Sie verstehen, warum Sie Ihre Marke neu etablieren müssen, können Sie die zu verbessernden Bereiche besser ermitteln. Nutzen Sie dieses Wissen, um die richtige Art der Veränderung anzustoßen.

9. Welche Methode verwenden Sie, um die Wahrnehmung Ihrer Marke zu bewerten?

Nachdem Sie eine Brand Identity geschaffen haben, sollten Sie sie vor einer Gruppe Ihrer derzeitigen Kunden oder potenziellen Interessenten auf Herz und Nieren prüfen lassen. Dieser Personenkreis kann Ihnen möglicherweise wichtige Erkenntnisse liefern, die Ihr Marketingteam übersehen hat.

Falls die Durchführung einer Studie zur Wahrnehmung der Marke für Ihr Unternehmen aus zeitlichen oder finanziellen Gründen nicht möglich ist, empfehle ich Ihnen zu untersuchen, wie die Öffentlichkeit Farben, Schriftarten und andere Bestandteile Ihrer Brand Identity wahrnimmt. Aktuelle Forschungsergebnisse aus dem Bereich Marketing und Psychologie können Ihnen unschätzbare Erkenntnisse darüber liefern, wie Ihre Marke in Zukunft wahrgenommen wird.

10. Welche „Sprache" spricht Ihre Zielgruppe?
Welche Begriffe und Ausdrücke verwenden Ihre Kunden, um Ihre Branche, Produkte und Dienstleistungen zu beschreiben? Es ist sehr wahrscheinlich, dass sie bei Google nicht nach „Produktivitätslösungen für Unternehmen" suchen. Sie suchen wahrscheinlich zum Beispiel stattdessen nach Apps für Zeitmanagement. Egal, ob Sie mit HubSpot oder einem anderen Tool recherchieren, die Recherche nach Keywords ist unerlässlich, um die richtige Sprache auszuloten.

11. Wie kommunizieren Sie mit Ihren Kunden?
Die Sprache Ihrer Marke geht über die Sprache hinaus, mit der Sie mit Ihren Kunden in den sozialen Medien und durch Content Marketing kommunizieren. Haben Sie einen Sinn für Humor oder halten Sie sich an die Fakten? Reagieren Sie auf Anfragen, indem Sie Ihre persönlichen Erfahrungen weitergeben oder Links zu von Experten begutachteten Studien bereitstellen? Um ein einheitliches Erscheinungsbild Ihrer Marke zu gewährleisten, sollten Sie in Ihrer Company-Compliance Anweisungen für den Umgang mit sozialen Medien und den Umgang mit Kunden enthalten.

12. Mit welcher Stimme wenden Sie sich an Ihre Zielgruppe? Wenn Sie die Sprache Ihrer Marke definieren und dokumentieren, sollten Sie Ihre Kunden um Hilfe bitten. Wie kommen Sie rüber?

- Wirken sie eher akademisch oder informell?
- Zitieren sie routinemäßig Forschungsergebnisse und Statistiken?
- Neigen sie dazu, Stories in ihren Präsentationen zu verwenden?
- Kommunizieren sie wortreich oder kurz und knapp?

All diese Dinge sollten an Ihre Zielgruppe, deren Bildungsniveau, ihren sprachlichen Vorlieben und ihren Stil angemessen sein.

2.7 Entdecken Sie Ihre Brand Identity
Wie bereits erwähnt, gibt es sechs Elemente, mit denen Sie eine Marke wachsen lassen können. Das letzte dieser sechs Elemente sind Empfehlungen. Es ist kein Zufall, dass diese an letzter Stelle aufgeführt sind. Jedes Element hat Einfluss auf das Vorangegangene.

Zu viele Unternehmen räumen der Popularität ihrer Marke Priorität ein. Sie kümmern sich nur darum. Das Problem ist, dass dieser Mythos viel zu viele Unternehmen zerstört, bevor sie überhaupt die Chance bekommen, ihr volles Potenzial auszuschöpfen. Es ist wie bei dem Kämpfer, der gegen einen Champion antreten will, bevor er überhaupt trainiert hat, in der Annahme, dass er, sobald er der Champion ist, in der Lage sein wird, zu einem starken Kämpfer zu werden. Das ist absurd und wir alle sind uns dessen bewusst.

Trotzdem versuchen Marken jeden Tag zu wachsen und übersehen dabei, dass ihre Konkurrenten einen besseren Ansatz verfolgen. Sie glauben, dass sie sich in den Ring schleichen und siegreich hervorgehen können. Der Vorstand mag begeistert sein, aber nur bis zu dem Tag, an dem Sie das Unternehmen schließen. Diese Art, Geschäfte zu machen, ist eine Wette auf die Zukunft. Sie sollten jedoch nicht wetten.

Widmen Sie sich stattdessen lieber der Entwicklung Ihres Wachstums, bevor Sie versuchen, schnell zu skalieren. Dieser Wachstumsmotor hilft Ihnen step by step dabei, eine Brand Identity zu kreieren, die Ihre Kunden erwarten. So schaffen Sie eine Marke, die das Potenzial hat, in ihrer Branche führend zu werden.

2.8 Warum sind diese Fragen und die Identität der Marke so wichtig?

1. Persönlichkeit: Die Brand Identity ist ein visuelles Spiegelbild der Überzeugungen und des Firmencharakters. Das Design kann bei Ihrer Zielgruppe verschiedene Emotionen hervorrufen. Mit Ihrer Brand Identity sollten Sie die übergreifende Message und die Geschäftsziele Ihres Unternehmens vermitteln.

2. Konsistenz: Die Schaffung einer Brand Identity erzeugt eine durchgängige Message in allen Marketingbereichen. Jeder sollte die gleichen grundlegenden Stil- und Designelemente aufweisen, um ein einheitliches Erscheinungsbild zu schaffen.

3. Differenzierung: Mit einer Brand Identity können Sie Ihr Unternehmen von der Konkurrenz abheben und es richtig positionieren. Ein professionelles, einzigartiges Design hilft Ihnen, sich bei potenziellen Käufern in einem wettbewerbsintensiven Markt hervorzuheben.

4. Markenpopularität: Die Erstellung einer Brand Identity stellt sicher, dass Ihre Marke in Ihren Marketingkanälen deutlich erkennbar ist, was zum Wiedererkennungswert Marke beiträgt. Je häufiger Ihre Marke auftaucht, desto mehr Kunden verbinden sie mit ihr und desto einprägsamer ist sie.

5. Loyalität: Da Kunden eine Verbindung zwischen einem Produkt und dem Unternehmen herstellen können, kann eine gute Markenidentität dazu beitragen, die Loyalität und das Vertrauen der Kunden in eine Marke zu stärken.

2.9 Die Perspektive der Stakeholder

Wenn Sie auf einer Party neue Leute kennen lernen, erhalten Sie keine Statistiken und Erfolgsbilanzen. Sie bilden sich über die Menschen auch keine Meinung auf der Grundlage ihrer persönlichen Wachstumsaussichten. Stattdessen entscheiden wir auf der Grundlage der Persönlichkeit, also der Identität, wer uns gefällt und wer nicht. Warum sollte es also bei Marken anders sein?

Mehr als die wirtschaftliche Leistung eines Unternehmens entscheidet Ihre Brand Identity darüber, ob Menschen mit Ihnen Geschäfte machen möchten. Wir alle betrachten Marken als Menschen und beurteilen sie nach denselben Kriterien: Glauben sie an die gleichen Dinge wie ich? Kann ich ihnen mein Vertrauen schenken? Was denkt der Rest der Welt über sie? Infolgedessen wird die Identität Ihrer Marke - vor allem Ihr Logo, das als Gesicht Ihres Unternehmens dient - immer wichtiger, da es eines Ihrer wirksamsten Instrumente ist.

Zunächst einmal sind es diese anfänglichen Begegnungen, durch die sich mögliche Investoren einen ersten Eindruck von

Ihnen verschaffen, ohne Sie vorher zu kennen. Das birgt einen immensen Vorteil: Wenn Sie an die Emotionen von Investoren appellieren, ist es wahrscheinlicher, dass das Geschäft zustande kommt, als wenn Sie an ihren Intellekt appellieren. Dies gilt insbesondere bei der Suche nach einer Finanzierung für ein Startup.

Nach modernen neurowissenschaftlichen Erkenntnissen treffen Menschen Entscheidungen eher auf der Grundlage von Emotionen als von Logik - auch wider besseren Wissens. Menschen, insbesondere diejenigen, die sich für intellektuell halten, vertrauen bei wichtigen geschäftlichen Entscheidungen oder bei der Entscheidung, wo sie zu Mittag essen, lieber auf ihr Bauchgefühl. Potenzielle Investoren sehen Ihre Marke als Persönlichkeit und fragen sich: „Ist das die Art von Person, mit der ich zu tun haben möchte?" Wie stark die Identifizierung mit Ihrer Marke ist, entscheidet letztendlich über die Antwort auf diese Frage.

2.10 Investoren für finanzielles Wachstum gewinnen

Wenn es um die Beziehungen zu Investoren geht, sind sich viele Stakeholder eines Unternehmens der entscheidenden Rolle des Wertes einer Marke nicht bewusst. Der Markenwert ist wichtig, um den Businessplan und das Image des Unternehmens zum Ausdruck zu bringen, um Investoren und Finanzmittel anzuziehen. Investoren sind auf der Suche nach einem guten Geschäft und einer guten Rendite für ihre Investition. Ein innovatives und einheitliches Branding kommuniziert Ansehen, Glaubwürdigkeit, Marktstellung und eine Vision.

Das Vertrauen von Investoren und Kunden in neue Produkte oder Erweiterungen von Produktlinien basiert auf einem zuverlässigen Wert der Marke und ihrem Image auf allen medialen Plattformen. Ihr Logo, die Unternehmensfarben, die Slogans, der Twitter-Header, die Banner und die Keywords sollten den Wert Ihrer Marke in der Werbung und der Öffentlichkeitsarbeit sowie in allen Marketingmaßnahmen repräsentieren.

Wenn Sie versuchen, Investoren zu gewinnen, sollten Sie stets versuchen, Mehrwert und Vertrauen zu schaffen. Hier kommen ein positives Unternehmensimage und ein nachhaltiger Markenwert ins Spiel.

2.11 Fazit

Eine der vielen Fähigkeiten einer Marke sollte die wirkungsvolle Kommunikation mit einer menschlichen Note sein, selbst für B2B-Marken. Für jedes B2B-Unternehmen sollte eine wirksame Kommunikation oberste Priorität haben, nicht nur wegen der damit verbundenen Vorteile, sondern weil schlechte Kommunikation häufig als Hauptursache für Umsatzverluste genannt wird. Die Art und Weise, wie Ihre Produktverpackung gestaltet ist, kann sich auf die Customer Experience auswirken. Es ist wichtig, dass Sie sich in die Gedanken Ihrer zukünftigen Investoren hineinversetzen und herausfinden, nach welchen Vorteilen sie suchen und was ihre wichtigsten Prioritäten sind.

Es ist von entscheidender Bedeutung, den Nutzen Ihres Leadership- und Kreativteams zu zeigen sowie deren Fähigkeit, Marken zu kreieren, die bei den Kunden ankommen. Menschen wollen mit Menschen und Unternehmen zusammenarbeiten, denen sie vertrauen und die sie wertschätzen können.

COMPANY

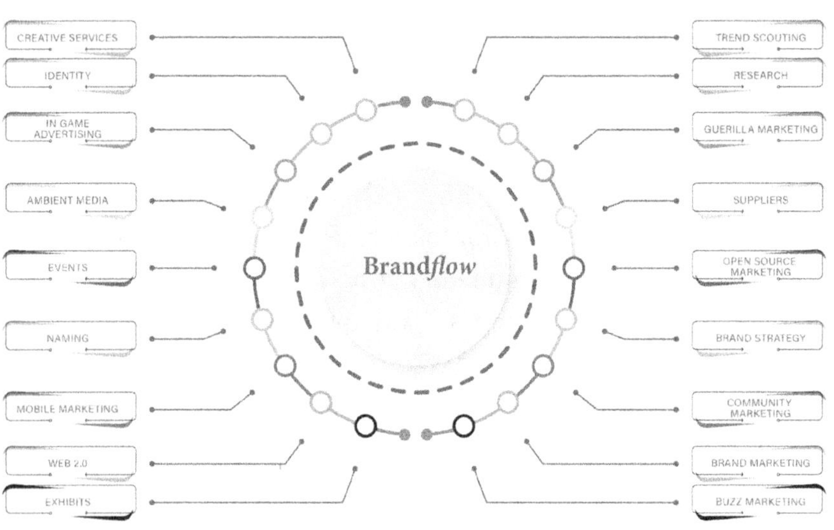

MarkenArchitekten . BrandArchitects
My-mindguide.com

3

BRAND-STEERING IN STÜRMISCHEN ZEITEN

Im Jahr 2021 hat sich in der Geschäftswelt einiges verändert. Unternehmen mussten neue Wege entwickeln, um Mittel zu beschaffen und dabei auch ihre Geschäftsmodelle neu anpassen. Wenn es darum geht, mit Unsicherheiten wie der Ukraine-Krise im Jahr 2022 umzugehen, müssen sich Unternehmen zahlreichen Herausforderungen stellen. Es gibt acht wesentliche Herausforderungen im Marketing und in der Wirtschaft, mit denen Unternehmen derzeit konfrontiert sind und im Jahr 2022 und in den kommenden Jahren zu tun haben werden. Wenn Marken mit der einen oder anderen Krise zu kämpfen haben, nehmen die Probleme an Bedeutung zu und wenn Sie Ihre Marke nicht fest im Griff haben, riskieren Sie, alles zu verlieren, wofür Sie gekämpft haben.

1. Herausforderung: Neue Kunden gewinnen

Das Gewinnen neuer Kunden und die Ausweitung des Umsatzes kann für viele Unternehmen aufgrund der Pandemie und eines wettbewerbsorientierten Geschäftsumfelds, das sich ständig verändert, eine Herausforderung darstellen.

Lösung:

Durch die Bereitstellung herausragenden Contents und die Nutzung neuer Medien kann sich Ihr Unternehmen von der Masse abheben und sich einen Wettbewerbsvorteil verschaffen. In dieser Situation ist es wichtig zu wissen, wer Ihr Zielpublikum ist. Um neue Kunden zu gewinnen, müssen Sie zunächst deren Ziele und Bedürfnisse verstehen und zeigen, dass Ihr Unternehmen die beste Antwort für sie liefert.

Wenn Sie Inhalte entwickeln, mit denen Sie sich vom Rest des Marktes abheben, versuchen Sie, Ihre Kunden durch interaktive Kommunikation einzubinden. Sie können Ihren Blog nutzen, um Fragen zu beantworten, Umfragen zu veranstalten und Nachfragen im Zusammenhang mit den Inhalten zu beantworten, die Ihr Publikum interessieren. Auf diese Weise sollen Kunden zu Fans werden, die Ihren tatsächlichen Wert definieren und schließlich zu Markenbotschaftern werden. Es ist ein guter Anfang, wenn Sie 10% Ihrer wichtigsten Kunden zu Fans machen.

2. Herausforderung: Sich von der Konkurrenz abzuheben

Für Unternehmen ist es eine Herausforderung, sich in einer sich ständig verändernden Unternehmenslandschaft abzuheben, insbesondere bei der Einführung neuer Unternehmen.

Verbraucher sehen mehr Werbung als je zuvor, da sich viele Unternehmen auf digitales Marketing konzentrieren. Das macht es für Unternehmen immer schwieriger, sich von der Konkurrenz abzuheben und zu differenzieren. Außerdem suchen Kunden bei ihren Marken nach Orientierung und Sicherheit. Daran mangelt es vielen Marken in diesen schwierigen Zeiten.

Lösung:

Bringen Sie Ihre Marke auf den neuesten Stand und passen Sie sie an die Stimmung des laufenden Jahres an. Die Bekanntheit einer Marke ist für viele Unternehmen im Jahr 2022 eine Herausforderung, weil ihre Marke nicht mehr repräsentiert, wer sie sind oder bei ihren Zielkunden Anklang findet. Eine gut definierte Marke kann Ihnen helfen, mehr Kunden zu gewinnen, indem sie die Bekanntheit der Marke erhöht. In stürmischen Zeiten sollten Sie mit Ihren Kunden sprechen. Lassen Sie sie nicht im Stich. Zeigen Sie ihnen, dass Ihre Marke sie auch in schwierigen Zeiten unterstützt.

3. Herausforderung: Mit den sich ändernden Bedingungen durch Covid-19 Schritt zu halten

Covid-19 wird die digitalen Vermarkter (und die meisten Unternehmen) auch in den kommenden Jahren beeinflussen. Der Einfluss der Pandemie ist noch nicht abgeklungen und wirkt sich auch im Jahr 2022 noch auf die Branche aus. Aufgrund der häufigen Schwankungen der Pandemieauswirkungen ist es für Unternehmen schwierig geworden, gleichzeitig flexibel zu bleiben und langfristige Entscheidungen zu treffen. Da sich das Geschäftsumfeld weiterhin verändert, müssen sich Unternehmen entsprechend anpassen.

Lösung:

Marken müssen in der heutigen virtuellen Welt ehrlich und authentisch sein, um ihr Publikum online anzusprechen. Sorgen Sie dafür, dass hochwertiger Content produziert wird, der die Kundenbindung stärkt.

4. Herausforderung: Die korrekte Betreuung verschiedener Marketingkanäle, um die Marke eines Unternehmens auszubauen.

Die Notwendigkeit, viele Marketingkanäle für die Expansion der Marke zu verwalten, wurde in einer Studie ebenfalls als Herausforderung für Marketing genannt. Bei so vielen digitalen Methoden, die es zu berücksichtigen gilt, wissen Unternehmen möglicherweise nicht, was sie mit ihren begrenzten Ressourcen tun sollen (siehe Herausforderung Nr. 6 unten). Bedauerlicherweise gibt es keine Zauberformel für die Vorhersage des Marketingerfolgs. Der ideale Weg, um Prioritäten zu setzen ist die Entwicklung einer Unternehmensstrategie, die auf den Wünschen und Zielen Ihrer Zielgruppe basiert, um dann herauszufinden, was am besten funktioniert und Daten zu sammeln.

Lösung:

Im Folgenden finden Sie eine Schritt-für-Schritt-Anleitung zur Entwicklung einer erfolgreichen Marketingstrategie, die Ihnen hilft, Ihre Marketingkanäle effektiver zu verwalten:

- Bestimmen Sie, wer Ihre Zielgruppe ist.
- Untersuchen Sie frühere Marketingstatistiken.
- Erstellen Sie eine SWOT-Analyse Ihrer Situation.
- Legen Sie Ihre Marketingziele fest.
- Bestimmen Sie die Marketingkanäle, die Sie nutzen werden.
- Denken Sie an den Marketing-Funnel.
- Entwickeln Sie eine Marketingstrategie.
- Berichten Sie und messen Sie den Fortschritt.

5. Herausforderung: Finanzielle Erwägungen

Ein weiterer Grund, warum es schwierig ist, die wirksamsten Marketingtaktiken zu bestimmen, ist die Tatsache, dass

Unternehmen mit ihren Marketingbudgets zu kämpfen haben. Ohne ein festes Marketingbudget ist es schwierig, die Richtung Ihrer Marketingstrategie festzulegen und zu bestimmen, wo die begrenzten Ressourcen eingesetzt werden sollen.

Lösung:

Nutzen Sie Berichts- und Analysetools, die einfache Marketing- und Geschäftsberichte sowie Leistungsindikatoren bereitstellen. So können Sie ermitteln, was für Ihr Unternehmen von Nutzen ist und wie Sie Ihr Marketingbudget entsprechend einsetzen können. Einige Beispiele hierfür sind Google Analytics und HubSpot Analytics.

6. Herausforderung: Fehlende Ressourcen

Unternehmen sind ständig auf der Suche nach neuen Methoden, um qualitativ hochwertige Produkte herzustellen und einen herausragenden Kundenservice zu bieten, um bestehende Kunden zu halten. Unternehmen kämpfen ebenfalls darum, in der digitalen Welt mitzuhalten und sich von ihren Konkurrenten abheben zu können. Allerdings schrumpfen Marketingbudgets aufgrund mangelnder Konsumausgaben. Das bedeutet, dass Unternehmen versuchen, mit weniger Ressourcen mehr zu erreichen.

Lösung:

Outsourcen Sie Ihre digitalen Marketingprojekte. Im Folgenden finden Sie einige Vorteile des Outsourcings an ein digitales Unternehmen, die Ihnen bei der derzeitigen Ressourcenknappheit Ihres Unternehmens helfen könnten:

1. Kostenersparnis: Die Einstellung eines Vollzeitmitarbeiters mit den erforderlichen Fähigkeiten, um mit anderen

Unternehmen konkurrieren zu können, ist wesentlich teurer als das Outsourcing an eine Digitalagentur. Das bedeutet, dass Unternehmen mehr für ihr Geld bekommen können.

2. Zeitersparnis: Zeit ist kostbar. Unternehmen wollen mehr erreichen, aber sie stellen oft fest, dass ihnen die Ressourcen fehlen, um alles perfekt umzusetzen. Wenn Sie bestimmte Aufgaben outsourcen, gewinnen Sie Zeit, die Sie für andere Unternehmensbereiche nutzen können.

7. Herausforderung: Fehlendem Bracnchenbewusstsein und mangelndem Wissen begegnen

In der Studie wird auch ein Mangel an Bewusstsein und Wissen für die Branche erwähnt. Bei so vielen neuen Unternehmen, die auftauchen, kann es für Verbraucher schwierig sein, mit den neuesten Innovationen und Lösungen Schritt zu halten. Wie kann ein Unternehmen um seinen Zielmarkt werben, wenn dieser nicht weiß, dass das Unternehmen überhaupt eine Lösung anbietet?

Lösung:

Finden Sie heraus, mit wem Sie sprechen. Die beste Strategie, um an einen Verbraucher zu verkaufen, der Ihr Produkt oder Ihre Dienstleistung nicht kennt, besteht darin, Inhalte nur für ihn zusammenzustellen. Welche sind seine Herausforderungen, Beweggründe und wie sucht er nach Informationen? Sie können eine Verbindung zu Ihrer Zielgruppe herstellen, indem Sie auf deren Fragen eingehen und Ihr Produkt oder Ihre Dienstleistung als Lösung für deren Probleme positionieren, sobald Sie Ihre Zielpersonas kennen und ermitteln.

Um herauszufinden, wo sich Ihre Zielgruppe am meisten engagiert, versuchen Sie, über verschiedene Kanäle zu kommunizieren:

- Erstellen Sie Content, um die Fragen Ihrer Zielgruppe zu beantworten.
- Verwenden Sie relevante Hashtags in sozialen Medien.
- Bewerben Sie Ihren Content mit bezahlter Werbung, um ein größeres Publikum zu erreichen.

8. Herausforderung: Mit den sich ändernden Marketing-Anforderungen Schritt zu halten

Für Unternehmen kann es schwieriger denn je sein, neue Kunden zu gewinnen und Umsätze zu generieren, da sich die Branche schnell weiterentwickelt und neue Trends auftauchen. Außerdem scheinen täglich neue Marketinggesetze und -vorschriften in Kraft zu treten, was es für Experten in Marketing und Wirtschaft schwierig macht, den Überblick zu behalten. Verstöße gegen diese Compliance-Standards können schwerwiegende Konsequenzen nach sich ziehen.

Lösung:

Ein häufig genutztes Hilfsmittel ist die Möglichkeit für Kunden, sich für Branchen-Newsletter anzumelden, um über die neuesten Änderungen im Marketing Ihres Unternehmens auf dem Laufenden zu bleiben. Es gibt jedoch noch einige andere Tools, die Sie im B2B Branding einsetzen können, wie etwa Zoom-Seminare oder YouTube-Videos. Am besten ist es, wenn Sie interaktive Inhalte erstellen, um Ihre Kunden einzubinden und ihnen das Gefühl zu geben, Teil der Familie zu sein.

3.1 Schützen Sie Ihre Marke

Während Ihr Logo symbolisiert, wer Sie sind, und Ihren Kunden etwas Konkretes bietet, an dem sie sich festhalten können, ist Branding wesentlich anspruchsvoller. Ihr Logo repräsentiert, wer Sie sind und erinnert sofort an die hohe Qualität Ihrer Waren und die emotionale Bindung, die es bei den Kunden hat. Ich sehe das Logo als ein bewusst wahrgenommenes Zeichen, das wie ein Anker im Unterbewusstsein funktioniert, wo alle Informationen und Emotionen über Ihre Marke gespeichert sind. Das Branding Ihres Produkts oder Ihrer Dienstleistung definiert, wer Sie sind, was Ihre Kunden von Ihnen erwarten und was Sie von der Konkurrenz unterscheidet.

Die Wahrnehmung Ihrer Marke kann aufgrund Ihrer Corporate Identity und Ihres Marketingplans bewusst erfolgen oder unbeabsichtigt, beispielsweise wenn ein negativer Bericht oder eine Kritik über Ihr Produkt erscheint. Mit der Zeit lernen die Verbraucher, Ihr Produkt mit verschiedenen positiven und negativen Gefühlen und Begriffen zu verbinden.

Wenn Sie ein hochwertiges Produkt oder eine hochwertige Dienstleistung verkaufen, werden Sie als individuell und anziehend wahrgenommen. Eine bestimmte Art von Menschen wird sich für das Produkt interessieren, während andere es vielleicht als unnötige Ausgabe betrachten. Anders ausgedrückt: Menschen werden Ihre Marke mit verschiedenen Dingen in Verbindung bringen. Ihre Marke ist ein Versprechen an Ihre Kunden und kann sich auf unterschiedliche Aspekte beziehen, wie etwa Exklusivität des Designs, hervorragenden Kundenservice und hohe Standards. Das ist etwas, das Sie sich im Laufe der Zeit verdient haben - nicht durch Glück, sondern durch einen gut durchdachten Ansatz. Es ist auch etwas, das Sie schützen müssen.

Ihre Marke kann, wie die meisten Reputationen, Zeit brauchen, um sich in den Köpfen der Verbraucher zu verankern, aber sie kann sich auch innerhalb von Sekunden auflösen. Eine schlechte Bewertung oder ein schlechter Bericht kann Ihrer Marke schaden, aber Sie können auch Menschen ausgesetzt sein, die Ihnen nacheifern und auf den Zug des Erfolgs aufspringen wollen. Wenn andere anfangen, Ihre Produkte zu kopieren, könnten Sie annehmen, dass Sie es als Unternehmen geschafft haben. Die Situation kann sich jedoch schnell zuspitzen. Kunden, die nicht wussten, dass sie eine Fälschung erhalten haben, beschuldigen Sie nun der schlechten Qualität. Als ob das nicht schon schlimm genug wäre, versiegen Ihre Geldströme durch gefälschte Produkte und es kann teuer werden, diese aufzuspüren und zu beseitigen.

3.2 Vorteile der Brand-Protection

Der Schutz Ihrer Marke ist von entscheidender Bedeutung, da er sowohl lang- als auch kurzfristige Vorteile bietet. Einige dieser Vorteile werden im Folgenden angesprochen. .

Es ist fast so, als könnten Fälscher den Erfolg schon vom anderen Ende der Welt aus riechen. Sie führen keine Forschung oder Entwicklung durch. Stattdessen warten sie, bis Sie ein erfolgreiches Produkt entwickelt haben, bevor sie es stehlen.

Sie können versuchen, sie alle unabhängig voneinander zu bekämpfen, aber das wird viel Zeit in Anspruch nehmen.

Es erfordert mehr als einen Vollzeitjob, jeden einzelnen Fälscher im Auge zu behalten, und noch mehr Zeit, rechtliche Schritte gegen Händler und Hersteller in anderen Ländern einzuleiten. Stattdessen können Sie Ihre Aufmerksamkeit dem Wachstum Ihres Unternehmens widmen, wenn Sie eine Strategie zum Schutz Ihrer Marke aufbauen. Anstatt zu versuchen, Fälscher von Ihrem aktuellen Vorzeigeprodukt fernzuhalten, könnten Sie schon an seinem Nachfolger arbeiten. Sie können sich auf Ihre Hauptaufgaben konzentrieren, während eine automatisierte Plattform den Markt nach Fälschungen absucht. Mit der zusätzlichen Zeit, die Ihnen zur Verfügung steht, können Sie vielleicht die Ziele von Q3 in Q2 erreichen und nicht umgekehrt. Kurz gesagt, ein angemessener Markenschutz ermöglicht es Ihnen, Ihr Geschäft zu erweitern und gleichzeitig Zeit zu sparen.

Sie erzielen höhere Umsätze.

Cashflow ist - neben dem Faktor Zeit - für ein Unternehmen unerlässlich. Fälscher hingegen können diesen Strom auf ein Rinnsal reduzieren. Dies geschieht durch das Aufkommen von gefälschten Waren auf Ihrem Markt. Wenn Fälscher versprechen, Ihre Produkte für die Hälfte des Preises herzustellen, wird sich eine beträchtliche Anzahl Ihrer Kunden für die Fälschung entscheiden - unabhängig davon, ob sie wissen, dass es sich um eine Fälschung handelt. Nehmen wir an, Sie haben in einem bestimmten Zeitraum 1000 Produkte verkauft. Die Fälscher haben im gleichen Zeitraum 200 verkauft. Infolgedessen glauben 1200 Menschen, dass sie Ihr Produkt besitzen. Wäre die Fälschung nicht erhältlich gewesen, hätte ein beträchtlicher Teil dieser 200 Personen wahrscheinlich das echte Produkt gekauft. Unter diesen Umständen könnten Sie sehr viel mehr Umsatz erzielen. Wenn Sie diese verbesserten Verkaufszahlen aufweisen könnten, würde Ihr Unternehmen erheblich wachsen.

Sie bewahren Ihr gutes Image.

Gefälschte Waren haben mehrere Nachteile; einer der schwerwiegendsten ist jedoch, dass Ihr Ruf mit ihnen verbunden ist. Menschen, die nicht wissen, dass sie eine Fälschung besitzen, machen Sie für alles verantwortlich, was mit dem Produkt nicht stimmt. Wie können Sie Ihr Wachstum aufrechterhalten, wenn Ihr Ruf beschädigt ist? Sie verbringen mehr Zeit damit, den durch negative Bewertungen entstandenen Schaden zu beheben, als neue Geschäftsbeziehungen zu Kunden aufzubauen. Andere können Ihrem Ruf nicht schaden, wenn Sie über eine umfassende Lösung verfügen. Mit der Zeit werden Sie das Vertrauen Ihrer Kunden gewinnen.

3.3 Sie ernten die Früchte Ihrer Kreativität.

Sie wissen genau, wie viele Stunden, Monate und Jahre in die Entwicklung eines neuen Produkts fließen. Die Entwicklung eines neuen Produkts erfordert viel Blut, Schweiß und Tränen. Es ist keine leichte Aufgabe. Es scheint jedoch so, als ob Fälschungen Ihnen Ihre gesamte Lebensleistung in einem einzigen Moment entreißen können. Sie könnten Ihr exklusives Design in den Regalen eines Geschäfts sehen, mit dem Sie keinen Vertrag geschlossen haben.

Daher bedeutet der Markenschutz auch den Schutz Ihrer Kreativität. Ihr Unternehmen hat hart gearbeitet, um das Produkt zu entwickeln, und es sollte die Möglichkeit haben, die Früchte zu ernten. Sie können die Nase vorn behalten, ohne Zeit oder Geld für Rechtsstreitigkeiten zu verschwenden. Wie sieht der nächste Schritt für Ihr Produkt aus? Gibt es eine neue Generation? Ein einzigartiges und ergänzendes Kombinationsprodukt?

Ihre Marke existiert nicht im luftleeren Raum. Unternehmen sind miteinander verbunden wie die Äste eines Baumes. Sie können sich immer auf andere Unternehmen oder Personen verlassen. Fälschungen können leider dazu führen, dass die Äste des Baumes verdorren und absterben. Im wahrsten Sinne des Wortes können gefälschte Produkte zu schlechten Beziehungen in Ihrem Vertriebsnetz führen. Mit einer Lösung zum Markenschutz können Sie dies vermeiden. Mit einer solchen Lösung können gefälschte Produkte Ihre Preisabsprachen mit Ihren Vertriebspartnern nicht unterbieten. So können Sie das Vertrauen, das Sie mit Ihren Händlern aufgebaut haben, aufrechterhalten. Sie müssen sich keine Sorgen machen, dass betrügerische Händler in Märkten auftauchen, die ausschließlich von einem Ihrer Partner abgedeckt werden. Es braucht Zeit, Geschäftsbeziehungen aufzubauen, und es ist wichtig, diese zu schützen. Ihre Marke kann Partnerschaften pflegen und ausbauen, wenn Sie eine hervorragende Erfolgsbilanz vorweisen können.

3.4 Erfolgreiches Branding - Brand-Protection

- **Schützen Sie Ihr Branding - Die Rechte an geistigem Eigentum**
Einige entscheidende Bestandteile des Branding, wie der Name, das Logo, der Name der Domain und sogar die Produkte, sind durch geistige Eigentumsrechte geschützt. Die Eintragung von Rechten an geistigem Eigentum bietet Ihnen ein gewisses Maß an Kontrolle über Ihre Marke und verhindert, dass andere von Ihrem Erfolg profitieren.

- **Schützen Sie Ihr Branding - Markenzeichen vs. Urheberrecht: Worin besteht der Unterschied?**

Eine Marke ist ein Symbol, das Ihr Produkt oder Ihre Dienstleistung von denen Ihrer Konkurrenten unterscheidet. Dabei kann es sich um ein Logo, einen Text oder eine Mischung aus beidem handeln. Eine Marke kann dazu dienen, Ihr Produkt oder Ihre Dienstleistung wiederzuerkennen. Sie muss jedoch beim Patentamt eingetragen werden, um rechtlich geschützt zu sein.

Das Urheberrecht ist ein umfassenderes Konzept, das Ihre kreativen Werke wie Texte, Musik und Kunstwerke sowie Logos, Verpackungen und Werbematerialien schützt. Wenn Sie ein Buch schreiben und jemand ohne Ihre Erlaubnis eine Hörfassung anfertigt, verstößt er gegen Ihr Urheberrecht. Im Gegensatz zu Marken ist für das Urheberrecht keine Eintragung erforderlich. Der Schutz Ihrer Marke ist ein wichtiges und wirksames Instrument Ihres Unternehmens und hilft Ihnen, Ihre Identität aktiv und prominent auf dem Markt zu halten.

3.5 Frühzeitige Brand-Protection

Mit großem Erfolg geht oft eine noch größere Gefahr einher. Weder Ihre unternehmerische Leidenschaft noch Ihr ausgeprägter Marketinginstinkt oder Ihr unerschütterlicher Ehrgeiz können die Achtsamkeit ersetzen, wenn es um den Schutz Ihrer Marke geht. Viele Unternehmer sprechen erst über Markenschutz, wenn es zu spät ist, und reagieren meist erst dann auf Diebstahl, Sabotage oder Verstöße.

Wenn Sie auf diese Umstände erst reagieren, nachdem sie eingetreten sind, verschwenden Sie möglicherweise Zeit und Geld, das an anderer Stelle besser eingesetzt werden könnte. Berücksichtigen Sie die folgenden vorbeugenden Maßnahmen, um die häufigsten Angriffe auf Ihr Unternehmen und Ihre

Ideen zu verhindern, bevor Sie Tausende von Euro ausgeben, um eine Agentur zu beauftragen oder aufwändige Gespräche mit Ihrem Anwalt zu einem exorbitanten Stundensatz führen.

1. Vergewissern Sie sich, dass Sie über alle erforderlichen Urheberrechte, Warenzeichen und Eigentumsnachweise verfügen. Stellen Sie sicher, dass Ihre Markennamen, Produktnamen, Materialien, Fotos und Videos durch Marken und Urheberrechte geschützt sind. Ein Konkurrent kann die Inhalte Ihres Brandings kopieren und sie als seine eigenen in Anspruch nehmen, wenn kein ausreichender Schutz oder Nachweis einer Lizenz vorhanden ist. Darüber hinaus gibt es Leute, die Ihre Inhalte übernehmen, sie mit neuen Urheberrechten und Warenzeichen rechtlich schützen und Sie dann wegen Rechtsverletzung verklagen!

2. Sorgen Sie dafür, dass Sie Zugriff auf alle möglichen Internetdomains Ihrer Marke haben. Auch wenn Sie nur eine Domain für Ihr Unternehmen verwenden sollten, sollten Sie alle Varianten Ihres Brandings kaufen und registrieren. Dazu gehören auch alle Variationen der Domain. Wenn Ihre Marke bekannt wird, könnten Ihre Konkurrenten diese Domains an sich reißen und sie gewinnbringend weiterverkaufen. Beanspruchen Sie alle relevanten Social Media-Handles und Einträge in Verzeichnissen. Praktische Dienste wie Yext und Knowem können diesen Prozess beschleunigen und liefern gleichzeitig wichtige regionale und soziale Signale für Suchmaschinen.

3. Investieren Sie in den Namen Ihres Unternehmens. Ziehen Sie in Erwägung, einen kleinen Betrag zu investieren, um

Ihre Branding-Keywords in den Suchmaschinen zu sichern, auch wenn Sie sich nicht auf eine PPC-Kampagne verlassen, um Besucher auf Ihre Website zu bringen. Diese Keywords sollten kostengünstig sein und dafür sorgen, dass Ihr Unternehmen auf der ersten Seite der Suchergebnisse für Ihre Branche ganz oben angezeigt wird. Es ist kein Zufall, dass Sie bei der Suche nach dem Namen Ihres Unternehmens einen Konkurrenten in den bezahlten Anzeigen von Google gesehen haben. Laut Google können Konkurrenten auf Ihren Markennamen bieten, aber sie dürfen ihn nicht im Anzeigentext verwenden.

Es gibt verschiedene Möglichkeiten, gegen einen solchen Kundenverlust vorzugehen. Wenn Sie eine groß angelegte PPC-Kampagne planen, machen Sie sich mit den Richtlinien von Google vertraut. Google verlangt zum Beispiel häufig, dass Landing Sites bestimmte Anforderungen erfüllen, wie etwa gültige Kontaktinformationen. Melden Sie den Werbetreibenden bei Google, wenn Ihre Konkurrenz versucht, sich falsch darzustellen, nachdem sie auf Ihren Markennamen geboten hat. Wenn dies der Fall ist, sollten Sie Google benachrichtigen.

4. Stellen Sie sicher, dass Sie geeignete Vereinbarungen zur Verschwiegenheit abgeschlossen haben. Solch eine Vereinbarung kann Ihr Unternehmen vor verschiedenen direkten und indirekten Verpflichtungen schützen, je nach der Art Ihres Unternehmens. Wenn Ihr Unternehmen auf ein kleines Heer unabhängiger Auftragnehmer angewiesen ist, sollte Ihre Verschwiegenheitsvereinbarung diese daran hindern, Ihre Verfahren und Vorgehensweisen an

Konkurrenten weiterzugeben, die bereit sein könnten, viel Geld dafür zu zahlen. Für Ihre fest angestellten Mitarbeiter gelten die gleichen Regeln. Arbeiten Sie mit Ihrem Anwalt zusammen, um Verschwiegenheitsvereinbarungen speziell für Ihr Unternehmen zu erstellen. Dies gibt Ihnen das Recht, sie zu ändern, zu ergänzen oder anzupassen. Das ist ein Muss, und es lohnt sich.

5. Behalten Sie die Konkurrenz im Auge. Ein guter Angriff kann manchmal die beste Verteidigung sein. Sie können Ihre Konkurrenten im Auge behalten, indem Sie eine Reihe von kostenlosen Diensten und praktischen Werkzeugen nutzen. Mit Tools wie SEMrush können Sie die Gebotsstrategien Ihrer Konkurrenten für bezahlte Suchanfragen verfolgen und alle Werbetreibenden identifizieren, die auf Ihren Markennamen bieten. Dies ist ein hervorragender Ausgangspunkt, da Sie so über die Interessen Ihrer Kunden informiert werden. Richten Sie Google Alerts für Ihre Konkurrenten ein, um Pressemitteilungen und entsprechende Hinweise im Internet zu verfolgen.

Nehmen Sie sich außerdem jeden Monat etwas Zeit, um Detektiv zu spielen. Suchen Sie im Internet nach dem Namen Ihres Unternehmens, Ihren Produkten, Dienstleistungen und Mitarbeitern. Sehen Sie sich an, was dabei herauskommt.

3.6 Fazit

Es ist leicht zu erkennen, warum Brand-Protection für das Wachstum eines Unternehmens auf vielen Ebenen wichtig ist. Dies verlagert Ihre Aufmerksamkeit vom Beseitigen des Schlamassels durch Produktpiraten auf das Erreichen Ihrer

Ziele. Sie sparen dadurch Zeit, die Sie in das Wachstum Ihres Unternehmens investieren können. Es ist auch eine wirtschaftliche Lösung zur Bekämpfung von Fälschungen, da Sie kein Geld für Prozesskosten oder zusätzliche Gehaltszahlungen ausgeben müssen. Anstatt zuzulassen, dass gesichtslose Nachahmer Ihr Geschäft zerstören, sollten Sie sich darauf verlassen, dass die KI für Sie arbeitet. Sie können Ihr Team um eine Armee cleverer Algorithmen erweitern und sich der Herausforderung des Marktes für Fälschungen mit einer umfassenden Lösung stellen.

Denken Sie daran, dass es nicht nur einen einzigen Fälscherring gibt. Es gibt Hunderttausende. Mit einer Lösung für den Markenschutz, die Hunderte von Fälschungen aufspürt und unterbindet, haben Sie überall auf dem Markt ein Auge darauf. Es gibt viele Möglichkeiten, wie Sie Ihre Marke ausbauen können, von der Steigerung des Umsatzes bis hin zur Ersparnis von Zeit und Geld.

Thank you that I was able to contribute to these great brands.

4

IST BRAND-AUDITING NUR FÜR INTERNATIONALE MARKEN GEEIGNET?

Mit einem Brand-Audit können Sie feststellen, wie Ihre Kunden Ihr Unternehmen wahrnehmen und mit ihm interagieren. Es ermöglicht Ihnen, Informationen über die Stärken und Schwächen Ihrer Marke sowie über das Entwicklungspotenzial zu sammeln. Es ist wichtig, dass Sie verstehen und erkennen, dass Ihre Mitarbeiter und Angestellten Ihre Marke widerspiegeln. Das bedeutet im Wesentlichen, dass Ihre Marke auch diejenigen einschließt, mit denen Sie zusammenarbeiten, da sie alle direkt mit der Customer Experience verbunden sind, egal ob es sich um eine B2C- oder eine B2B-Marke handelt.

Während das Verständnis der Position Ihrer Marke und der Wahrnehmung, die Ihre Mitarbeiter über Ihre Marke erzeugen, für alle wichtig ist, sind B2B-Marken am meisten gefährdet, wenn das Image ihrer Marke nicht dem Standard entspricht. Keiner möchte mit einem inkompetenten Unternehmen zusammenarbeiten. Und Ihre Marke beweist Ihre Kompetenz.

Ihre Marke ist das Einzige, was Sie von der Konkurrenz unterscheidet. Aber woher wissen Sie, ob sie einzigartig ist oder ob sie stark genug ist, um sich von der Masse abzuheben? Die Antwort auf diese Frage lautet Brand-Auditing.

4.1 Was ist ein Brand-Audit?

Ein Brand Audit ist im Wesentlichen eine vollständige Überprüfung Ihres Unternehmens, die zeigt, wo Ihre Marke auf dem Markt steht. Im Vergleich zu Ihren Konkurrenten können Sie mit einem Brand-Audit die Stärken, Möglichkeiten und verbesserungswürdigen Bereiche Ihres Unternehmens auf der Grundlage statistischer Daten und eines echten Verständnisses der Verbraucher und Stakeholder ermitteln. Ein Audit ist eine ausgezeichnete Methode, um Ideen für Verbesserungen zu entwickeln, da Sie wirklich wissen, wie Ihre Marke abschneidet. Auf der Grundlage der Auditstudie können Sie dann Ihr Produkt an den Erwartungen Ihrer Verbraucher ausrichten.

Ein Brand-Audit bewertet die Leistung einer Marke auf dem Markt und vergleicht sie mit der Konkurrenz. Es handelt sich um eine Forschungsstrategie, die die verschiedenen Faktoren untersucht, die eine Marke ausmachen.

Dazu gehören zum Beispiel:
- Der Zielmarkt und die ideale Zielgruppe.
- Die übergreifende Strategie und die Ziele.
- Die Produkte und Dienstleistungen der Marke.
- Branding durch Marketinginitiativen, visuelle Botschaften und Erzählungen.
- Die Marketingziele in Verbindung mit den Werbetechniken.
- Kundenzufriedenheit, einschließlich der Benutzerfreundlichkeit von Websites und Apps.

- Wiedererkennung und Positionierung der Marke auf dem Markt.

Die Auswertung eines Brand-Audits deckt versteckte Hindernisse auf, die das Branding daran hindern, zu expandieren oder sich weiterzuentwickeln. Es deckt interne und externe Vor- und Nachteile auf. Die Analyse hilft dann bei der Entwicklung von Ideen, wie man Dinge, die nicht funktionieren, verbessern und verändern kann. Für ein Startup oder ein Unternehmen kann es aus verschiedenen Gründen notwendig sein, ein Brand-Audit durchzuführen.

- Marketinganstrengungen führen nicht zu Ergebnissen.
- Die Besucherzahlen der Website sind bescheiden.
- E-Mails werden nicht gelesen oder beantwortet.
- Die Zahl der Verkäufe ist mäßig.

Auch Marken mit einer hohen Kapitalrendite und hohem Internettraffic benötigen unter Umständen ebenfalls ein Brand-Audit. Etwa, wenn:

- Es keine klare Visual Identity gibt.
- Die Website zu einem frühen Zeitpunkt in der Entwicklung des Unternehmens erstellt wurde und nicht aktualisiert wurde, als das Unternehmen wuchs.
- Das Unternehmen umbenannt wird.
- Das Unternehmen einen Überblick darüber gewinnen muss, wie die Marke im Vergleich zur Konkurrenz abschneidet.

Unternehmen können einen externen Brand Consultant damit beauftragen, ein Brand-Audit durchzuführen. Dies ist jedoch nicht immer notwendig. Wenn Sie eine interne Beratungsplattform einrichten und geschulte Mitarbeiter beschäftigen, können Sie diese Aufgabe selbst übernehmen und von den gewonnenen tieferen Erkenntnissen über Ihre Marke profitieren. Ich empfehle Ihnen ein externes Brand-Audit, um die Fortschritte Ihres Unternehmens zu überprüfen und sich Gewissheit über die Qualität zu verschaffen.

4.2 Wie man ein Brand-Audit durchführt

Der Brand-Auditor sollte bei einem Brand-Audit drei Bereiche untersuchen:

- **Internes Branding.** Dies umfasst die Werte, die Ziele und die Kultur Ihres Unternehmens.

- **Externes Branding.** Dazu gehören das Logo Ihres Unternehmens, gedruckte und Online-Werbung und Marketingmaterialien, Öffentlichkeitsarbeit, die Website, die Präsenz in den sozialen Medien, E-Mail-Marketing und Content Marketing - dies alles sind Beispiele für externes Branding.

- **Customer Experience.** Ihr Verkaufsprozess, Ihr Kundensupport und Ihre Compliance für den Kundenservice tragen zur Customer Experience bei.

Sie können ein Marketingunternehmen beauftragen, aber Sie können auch einen Großteil der Arbeit selbst erledigen. Für ein erfolgreiches Brand-Audit sollten Sie diese zehn Schritte befolgen.

Schritt 1: Stellen Sie sicher, dass Sie wissen, was Sie messen wollen.

Ziehen Sie Ihren Marketingplan heran, um die Ziele, die Vision, das Alleinstellungsmerkmal und die Positionierung Ihres Unternehmens zu bestimmen. Welche Versprechen macht Ihre Marke gegenüber Ihrer Zielgruppe? Bevor Sie untersuchen, was andere über Ihre Marke denken, sollten Sie sich überlegen, was sie Ihrer Meinung nach ist.

Schritt 2: Untersuchen Sie Ihren externen Marketingcontent.

Nehmen Sie das Logo Ihres Unternehmens, Ihre Broschüren, Verkaufsunterlagen, Produktverpackungen, Briefbögen, Visitenkarten und Zeitungsanzeigen unter die Lupe. Vergleichen Sie diese mit Ihrer Online-Präsenz, einschließlich der Website Ihres Unternehmens, Ihren Marketing-E-Mails, Newslettern, Benutzerkonten in sozialen Medien und Content-Marketing-Materialien. Stimmen diese Elemente mit dem Auftreten Ihrer Marke überein? Wie gut spricht jedes Element Ihr Zielpublikum an?

Schritt 3: Betrachten Sie die Website Ihres Unternehmens.

Beurteilen Sie die folgenden Fragen anhand von Analysen der Website:

- Woher kommen Ihre Online-Besucher? Wenn Ihr gesamter Traffic aus einer oder zwei Hauptquellen stammt, sind Sie sehr anfällig für Veränderungen bei diesen Quellen; achten Sie auf eine breitere Streuung Ihrer Besucherströme.

- Zieht Ihre Website die richtigen Leute an? Mehr Traffic ist nur dann hilfreich, wenn es sich um die richtigen Kunden handelt.

- Wie hoch ist der Prozentsatz der Besucher, die Ihre Website verlassen, ohne wieder zurückzukehren? Wenn die meisten Besucher Ihre Website sofort wieder verlassen, dann ist sie nicht so wirkungsvoll wie sie sein sollte.

- Wie hoch ist Ihre Conversion Rate? Steigt oder sinkt sie?

Schritt 4: Nehmen Sie Ihre Informationen über soziale Medien unter die Lupe.

Untersuchen Sie Ihre Social Media-Analysen, um zu sehen, wie wirkungsvoll Ihr Marketing in den sozialen Medien ist. Welche unterschiedlichen Arten von Kunden interagieren mit Ihrer Marke in den sozialen Medien? Sind das die Kunden, nach denen Sie suchen? Wie äußern sie sich über Ihre Marke?

Schritt 5: Führen Sie eine Kundenbefragung durch.

Sammeln Sie Kundenfeedback zu Fragen wie:

- Mit welchen Worten würden Sie diese Marke beschreiben?
- Welches Problem soll diese Marke lösen?
- Wie denken Sie über diese Marke?
- Würden Sie Ihren Freunden und Ihrer Familie von dieser Marke erzählen?
- Was kommt Ihnen in den Sinn, wenn Sie das Logo der Marke sehen?
- Wie gut ist der Kundenservice dieses Unternehmens?
- Wie könnte der Kundenservice dieses Unternehmens verbessert werden?

Nutzen Sie eine Mischung aus E-Mail-Umfragen, Umfragen in sozialen Medien, Telefonumfragen und Online-Umfragen, um diese Informationen zu sammeln.

Schritt 6: Führen Sie eine Umfrage unter den Personen Ihrer Zielgruppe durch, die noch keine Kunden sind.

Damit ermitteln Sie den Bekanntheitsgrad Ihrer Marke. Verwenden Sie die oben beschriebene Umfragemethode und stellen Sie Fragen wie:

- Haben Sie schon einmal von dieser Marke gehört?
- Haben Sie diese Marke schon einmal ausprobiert?
- Welchen Eindruck haben Sie von dieser Marke?
- Wie würden Sie diese Marke jemandem erklären, der sie noch nicht kennt?
- Welches Problem löst diese Marke für Sie?
- Was halten Sie von dieser Marke?

Schritt 7: Befragen Sie Ihre Mitarbeiter.

Ihre Mitarbeiter bestimmen maßgeblich über die Customer Experience. Sie können Ihre Marke nicht wirkungsvoll transportieren, wenn sie sie nicht begreifen. Stellen Sie in anonymen Umfragen Fragen wie:

- Wie würden Sie unsere Marke definieren?
- Wie sieht das Leitbild der Marke aus?
- Welches Problem löst unsere Marke für die Kunden?
- Welche Pläne haben Sie, um das Versprechen unserer Marke zu erfüllen? Was hindert Sie daran, dieses Versprechen zu erfüllen?
- Was würden Sie am Image unseres Unternehmens ändern?

Schritt 8. Evaluieren Sie die Marken Ihrer Konkurrenten.

Untersuchen Sie den Marketingcontent, die Websites, die Präsenz in den sozialen Medien und den Kundenservice Ihrer wichtigsten Konkurrenten. Sie können den Verbrauchern, den Angehörigen Ihrer Zielgruppe und sogar Ihren Mitarbeitern dieselben Fragen zu den Marken Ihrer Konkurrenten stellen, die Sie auch zu Ihren eigenen gestellt haben.

Schritt 9: Gehen Sie Ihre Ergebnisse durch.
Erstellen Sie mit den zusammengetragenen Informationen ein Dokument mit den Aspekten Ihrer Marke, die einer Feinabstimmung bedürfen und völlig daneben liegen, sowie mit den Komponenten, die gut funktionieren, wie sie sind. Entwickeln Sie dann eine Strategie zur Aktualisierung Ihrer Marke, um sie mit den Zielen und der Vision Ihres Unternehmens in Einklang zu bringen.

Schritt 10: Verfolgen Sie Ihre Fortschritte.
Kontrollieren Sie die Ergebnisse jedes einzelnen Teils, um sicherzustellen, dass die Änderungen den gewünschten Effekt haben. Mit der Zeit veralten Marken von Natur aus. Wenn Sie Ihr Brand-Audit alle paar Jahre wiederholen, bleibt Ihr Branding frisch.

4.3 Was macht ein Auditor?
Der Brand-Auditor beobachtet aufmerksam sämtliche Bereiche des Unternehmens und macht auf der Grundlage seiner Erfahrungen Vorschläge zur Steuerung des Brandings. Ein Brand-Auditor ist ein wesentlicher Bestandteil des Think-Tanks eines Unternehmens. Er verfügt über einen ausgeprägten Geschäftssinn und das erforderliche Fachwissen, um die Produkte des Unternehmens zu vermarkten und zu verkaufen. Der Brand-Auditor plant und arbeitet Strategien aus, bringt unkonventionelle Ideen ein und sorgt dafür, dass

die Unternehmensziele mit den Wettbewerbsbedingungen, der Art der Produkte, den Vorlieben der Kunden und der sich verändernden Geschäftsdynamik in Einklang gebracht werden.

Da der Brand-Auditor nicht auf der Gehaltsliste des Unternehmens steht, ist er nicht an die Regeln und Vorschriften gebunden, die für die Mitarbeiter des Unternehmens gelten. Er kann daher gleichzeitig für mehr als ein Unternehmen oder eine Marke tätig sein und sein Wissen und ihre Erfahrung zur Verfügung stellen. Ein Exklusivvertrag verbietet es dem Brand-Auditor jedoch in der Regel, für eine konkurrierende Marke tätig zu werden, die eine ähnliche Produktlinie anbietet.

Die Beauftragung eines Brand-Auditors ist der neueste Trend in der Unternehmenswelt, da Management-, Branding- und Marketingabteilungen oft befangen gegenüber ihrer Marke und deren Angeboten sind. Wenn die Unternehmensziele nicht optimal und erfolgreich erreicht werden, ist die Perspektive eines Dritten gefragt, was den Bedarf an einem Brand-Auditor verdeutlicht.

4.4 Die Aufgaben eines Brand-Auditors

1) Er muss das Wesen und die Ziele des Unternehmens verstehen.

Sobald der Brand-Auditor dem Vorstand des Unternehmens beiwohnt, besteht seine Hauptaufgabe darin, das Wesen und die Ziele des Unternehmens durch Treffen und Diskussionsrunden mit den wichtigsten Mitgliedern des Managements sowie dem Vorstand des Unternehmens genau unter die Lupe zu nehmen. Der Brand-Auditor sollte alles von der Vision, den kurz- und langfristigen Zielen, den Alleinstellungsmerkmalen, den Werten der Marke, den Stärken der Marke, dem Zielmarkt, den Zielkunden und der gesamten Geschichte der Marke gründlich verstehen und sich Notizen dazu machen, um eine Strategie für die Zukunft zu entwickeln.

2) Er konzentriert sich auf Schwachstellen.

Das Unternehmen hat einen Brand Auditor aus einem bestimmten Grund bzw. zu einem bestimmten Zweck eingestellt, nämlich um den Marktanteil zu erhöhen und den Wert der Marke zu steigern. Die Hauptaufgabe des Brand Auditors besteht darin, die Schwachstellen zu benennen, die die Marke daran hindern, ihre Ziele und Vorgaben zu erreichen.

Der Brand-Auditor muss die Ursache des Problems identifizieren, sei es im operativen Geschäft, im Vertrieb, in der Motivation der Mitarbeiter, in den Marketinginstrumenten, in den Branding-Strategien, im Wettbewerb auf dem Markt oder in der Art und den Eigenschaften der angebotenen Produkte. Der Brand-Auditor sollte sie alle analysieren, um praktische und realisierbare Lösungen zu finden.

3) Er untersucht die Sichtweise der Kunden.

Wie bereits erwähnt, sind die Kunden die besten Markenbotschafter des Unternehmens. Der Brand-Auditor muss sich durch Primär- und Sekundärforschung Zugang zu den Wahrnehmungen der Kunden verschaffen. Er muss beispielsweise darauf eingehen, was die Kunden über die Marke denken, wie die angebotenen Produkte zur Lösung ihrer Probleme beitragen, welche Erwartungen sie an die Marke haben, welche Beschwerden sie haben und warum sie lieber die Produkte einer Konkurrenzmarke kaufen. Diese und andere kritische Fragen verhelfen der Marke zu einer langfristigen Kundentreue.

4) Er erstellt einen Plan für Ihre Marketing- und Werbestrategien. Nachdem er die Art des Geschäfts und die Merkmale der angebotenen Produkte verstanden hat, muss ein Brand-Auditor die Marketing- und Werbestrategien wirkungsvoll planen, die der Marke helfen, den Produktabsatz zu steigern und die Reichweite zu erhöhen.

5) Er braucht umfassende Kenntnisse über die Konkurrenz. Der Brand Auditor muss die direkte und indirekte Konkurrenz der Marke recherchieren, um Marketingprogramme, Werbemittel und Maßnahmen zur Steigerung des Wertes der Marke planen und strategisch ausrichten zu können und dem Unternehmen zu einem Wettbewerbsvorteil zu verhelfen.

4.5 Wer braucht ein Brand-Audit?

Unsere Welt verändert sich jeden Tag, und Ihr Publikum verändert sich mit ihr. Mit den aktuellen Trends in Marketing und Kommunikation Schritt zu halten, kann beängstigend wirken. Dennoch ist es wichtig, zu erkennen, wie sich die Welt verändert, damit Ihr Unternehmen nicht in einem Trott stecken bleibt. Ein weit verbreiteter Irrglaube ist, dass Brand-Auditing nur für große, komplexe und globale Unternehmen geeignet ist. Aber ungeachtet der Größe Ihres Unternehmens kann ein wirkungsvolles Brand-Auditing jeder Organisation helfen. Wenn Sie Augen und Ohren offen halten, können Sie erkennen, wann es an der Zeit ist zu handeln, um sicherzustellen, dass sich Ihr Unternehmen von der Masse abhebt.

Die Printwerbung des Unternehmens, die Website, das Konzept für die sozialen Medien und das Content-Marketing sind häufig die Hauptschwerpunkte, die bei einem Brand-Audit überprüft oder auditiert werden.

Sie sollten jedoch auch darauf achten, was im Unterbewusstsein Ihres Zielpublikums, Ihrer Stakeholder und Ihrer Mitarbeiter schlummert. Diese Aspekte spiegeln den Stil, das Image und den Zielmarkt eines Unternehmens wider. Wir möchten Ihnen dabei helfen, das Image zu vermitteln, das Ihre einzigartige Geschichte am besten widerspiegelt und dem entsprechenden Publikum wirkungsvoll nahebringt. Aus eigener Erfahrung kann ich Ihnen sagen, dass es von entscheidender Bedeutung ist, mit den aktuellen Marketingtrends und -modellen Schritt zu halten.

Sie können Ihre Kunden nicht vor Ihren Konkurrenten schützen. Wenn Ihre Kunden desinteressiert sind oder es ihnen an Begeisterung für die Marke oder an Engagement fehlt, können sie abgeworben werden. Deshalb ist es so wichtig, die Denkweise Ihrer Zielgruppe zu verstehen, zu wissen, was in ihr vorgeht, und zu begreifen, warum sie so gleichgültig ist.

Ein Brand Audit von einem Außenstehenden durchführen zu lassen, ist immer die beste Wahl. Ein Außenstehender kann die Konkurrenz viel besser einschätzen und beide Seiten objektiv beurteilen. Das führt zu einer besseren Entscheidungsfindung, die zu notwendigen und kreativen Veränderungen führt.

4.6 Warum brauchen Sie ein Brand-Audit?

Je genauer Sie ermitteln, warum ihr Unternehmen im Markt punktet, was das Unternehmen übersieht was das Unternehmen übersieht und warum das zur Zielgruppe passt oder nicht, desto einfacher ist es, die Positionierung der Marke zu bestimmen. Da 50-90% der Marketingbemühungen scheitern, hilft Ihnen die Durchführung eines vollständigen Brand-Audits dabei, frische, sachkundige und bahnbrechende Wege zu finden, damit Ihre Marke bei Ihrer Zielgruppe optimal wahrgenommen wird.. Folgende Tipps sind dabei hilfreich:

1. Analysieren Sie die gesamte Marktperformance Ihrer Marke.
Ein Brand-Audit hilft Ihnen dabei, einen umfassenden Überblick darüber zu gewinnen, wie Ihre Marke auf dem Markt wahrgenommen wird. Dabei werden sowohl das interne Branding Ihres Unternehmens (Tone of Voice, Brand Culture und Positioning), als auch das externe Branding (Websites, soziale Medien und SEO) sowie Ihre Systeme und Infrastruktur (interne Systeme) gründlich untersucht.

2. Weisen Sie auf die wichtigsten Stärken und Probleme im Marketing hin.
Die Ergebnisse des Brand-Audits zeigen Ihnen, in welchen Bereichen Ihres Marketings Sie erfolgreich sind und wo Sie zusätzliche Hilfe oder eine neue Strategie benötigen. Die daraus gewonnenen Erkenntnisse helfen Ihnen, die Alleinstellungsmerkmale der Marke präziser darzustellen und Maßnahmen zu entwickeln diese optimal umzusetzen. Es ist so, als würden Sie sich einmal im Monat untersuchen lassen, um Ihren aktuellen Gesundheitszustand zu beurteilen (außer dass Brand Audits in der Regel alle drei Jahre durchgeführt werden). Dieser innovative Einblick deckt Schwachstellen auf und ermöglicht es Ihnen, klare Regeln für das Branding zu entwickeln. Ihr Unternehmen kann dies intern nutzen, um die Marke zu optimieren und sicherzustellen, dass das Design, der Stil, die Werte und die Botschaft übereinstimmen.

3. Ermitteln Sie die wahren Bedürfnisse Ihrer Zielkunden.

Das direkte Gespräch mit Ihren Stakeholdern, Partnern und Verbrauchern im Rahmen eines gründlichen Brand-Audits ist der Schlüssel, um zu verstehen, wie die Menschen Ihre Marke sehen und erleben. Dieses Wissen beeinflusst die Entscheidung, eine Änderung vorzunehmen, die Marke weiterzuentwickeln oder sie einfach zu verfeinern. Während des Prozesses der Markenentwicklung liefern Kundenbefragungen auch genaue Informationen darüber, wie Ihre Marke auf dem Markt wahrgenommen wird.

Indem Sie die Leistung Ihres Unternehmens bewerten, können Sie Bereiche mit Verbesserungspotenzial finden und die Marke durch die Umsetzung notwendiger Änderungen menschlicher gestalten. So wird die Marke zum Leben erweckt und ein angenehmes und benutzerfreundliches Umfeld geschaffen, das mögliche Kunden anzieht und den Absatz fördert.

4. Vergleichen Sie Ihre Position mit der von anderen Akteuren.

Wie viel an Martktanteil verlieren Sie möglicherweise durch Ihr schlechtes Branding an Ihre Konkurrenz? Wenn Ihre Kunden durch Ihre uneinheitliche Kommunikation verunsichert sind, Ihr Konkurrent aber über eine überzeugende Website und eine klare Sprache verfügt, werden sich die Kunden für das Unternehmen entscheiden, das sie für vertrauenswürdiger halten.

Im Rahmen einer Auffrischung des Brandings kann Ihr Unternehmen zum Beispiel einen umfassenden, auf Inhalte ausgerichteten Online-Auftritt erstellen, da es nun die

Anforderungen der Zielgruppe kennt. Die Einrichtung eines Online-Auftritts, der Ihr Branding und Ihr Angebot vereinheitlicht, bietet Kunden eine einfach zu bedienende Plattform und hebt Ihre Marke gleichzeitig von der Konkurrenz ab.

5. Sortieren Sie Werbematerialien neu.

Wenn Sie über ein Rebranding oder eine Auffrischung Ihres Images nachdenken, hilft Ihnen die Durchführung eines Brand-Audits dabei, herauszufinden, welche Materialien sich bewährt haben und welche mehr Aufmerksamkeit erfordern. Dies ist unerlässlich, um festzustellen, welche Funnels aktualisiert werden müssen, um Ihre neue Branding-Strategie widerzuspiegeln. Auf diese Weise können Sie Prioritäten setzen.

6. Überlegen Sie, wie sich das Markenkonzept in den gesamten Businessplan einfügt.

Interagieren die Käufer mit Ihrer Marke so, wie Sie es in Ihrer Unternehmensstrategie vorgesehen haben? Ein Brand Audit bietet einen vollständigen Überblick darüber, wie Ihr Unternehmen seine Ziele erreicht.

Brand-Auditing ist die richtige Vorgehensweise, wenn Sie daran arbeiten wollen, Ihr Branding in die richtigen Bahnen zu lenken, indem Sie es auf eine umfassende Unternehmensstrategie abstimmen. Was auch immer das Ziel Ihres Unternehmens ist, Brand-Audits können Ihnen dabei helfen, Ihr Branding so zu erneuern, dass es Ihre Botschaft vermittelt und Ihrer Zielgruppe personalisierte Dienstleistungen bietet und gleichzeitig den hochwertigen Anspruch der Marke widerspiegelt. Schließlich können Sie sicherstellen, dass die Strategie Ihres Brandings mit den Erfahrungen Ihrer Interessenten mit Ihrem Unternehmen übereinstimmt.

7. Erarbeiten Sie konkrete Vorschläge für die Zukunft.
Brand Audits liefern Ihnen ein sachkundiges und dennoch objektives Bild Ihres Unternehmens sowie die Erkenntnisse, die Sie brauchen, um voranzukommen.

Die ausgewerteten Daten dienen als Grundlage für zukünftige Geschäftsperspektiven und stellen sicher, dass Ihre anstehenden Entscheidungen auf fundiertem Wissen und nicht auf Mutmaßungen beruhen. Diese klare Vision kann Sie für den zukünftigen Erfolg in Position bringen, vorausgesetzt, dass Sie die richtigen Worte finden und die richtigen Taten folgen lassen und dass Sie mit einem klaren Markenplan vorankommen, dem Ihre Mitarbeiter und Kunden gleichermaßen zustimmen.

4.7 Ist Brand-Auditing nur etwas für internationale Marken?
Auch wenn Audits oft als Belastung empfunden werden, liefern sie hilfreiche Informationen. Audits werden sowohl intern als auch extern aus einer Vielzahl von Gründen durchgeführt. Beide können jedem Unternehmen helfen. Dazu gehören internationale Marken, schnell wachsende und erfolgreiche Startups, mittelgroße Unternehmen auf Wachstumskurs, Unternehmen, die in eine Fusion oder Übernahme verwickelt sind, große Unternehmen mit einem breit angelegten Zukauf von Marken und sogar kleine Organisationen, wenn es darum geht, Bereiche zu ermitteln, in denen interne Kontrollen, betriebliche Wirksamkeit oder die Einhaltung von Vorschriften fehlen.

4.8 Warum ist Branding so wichtig für Ihr Unternehmen?

- Wiedererkennungswert
Das naheliegendste Argument ist, dass Branding den Wiedererkennungswert Ihres Unternehmens in der Öffentlichkeit erhöht.

- Vertrauen/Legitimität

Stellen Sie sich vor, Sie stoßen in sozialen Netzwerken auf zwei Unternehmen. Das eine Unternehmen scheint uneinheitlich und zerstückelt zu sein. Es hat kein Logo und jeder Beitrag scheint von einer anderen Person verfasst worden zu sein. Das zweite hat ein Logo und Markenfarben, und der Stil und der Tonfall der Beiträge sind einheitlich. An welches Unternehmen würden Sie sich wenden? Unterm Strich ist es so, dass eine starke Marke das Vertrauen der Verbraucher weckt und Ihrem Unternehmen ein professionelles Erscheinungsbild verleiht.

Während viele Marketingmethoden zur Entwicklung einer Markenstimme beitragen, ist die Bildsprache eine entscheidende Komponente, die über die Glaubwürdigkeit der Marke entscheiden kann.

- Neue Kunden

So seltsam es auch klingen mag, Branding kann Ihnen helfen, neue Kunden zu gewinnen! Denken Sie an die neuen Klamotten, die Sie gerade gekauft haben. Ein Freund macht Ihnen ein Kompliment und fragt Sie, wo Sie die Sachen gekauft haben. Wie sollen Sie Ihren Freund darüber informieren, wo und wie er das Kleidungsstück kaufen kann, wenn es keine wirkungsvoll auftretende Marke gibt? Mundpropaganda ist nur möglich, wenn Sie über eine zugkräftige Marke verfügen.

- Originalität

Was hebt Ihr Unternehmen von den vielen anderen Unternehmen ab, die ähnliche Produkte verkaufen? Machen Sie aus Ihrer Marke mehr als nur ein Logo, indem Sie sich von der Masse abheben.

- Emotionalität

Das oberste Ziel Ihres Unternehmens sollte es sein, eine emotionale Bindung zu seinen Kunden aufzubauen: „Menschen haben keine Beziehung zu Produkten, sie sind loyal zu Marken", heißt es in einem bekannten Zitat (Goodson, 2012). Kunden werden Ihre Waren immer einer anderen Marke vorziehen, wenn Sie über eine hohe Markentreue verfügen. In dem Sinne, dass eine Marke die innersten Überzeugungen und Grundsätze Ihres Unternehmens widerspiegelt, trägt Branding dazu bei, eine emotionale Bindung herzustellen. Ihre Marke erinnert Sie ständig an diese Verbindung, wenn sich jemand auf einem tieferen Level mit diesen Prinzipien auseinandersetzt.

Sind Sie neugierig, was das mit Social Media Marketing zu tun hat? Jede Aktion, die Sie als Unternehmer durchführen, sollte von Ihrer Marke geleitet sein. Sie sollten Ihre Marke nutzen, um den idealen Marketingansatz für die sozialen Medien zu entwickeln, der die Stärken Ihres Unternehmens hervorhebt und gleichzeitig Kunden anzieht.

Nachdem Sie sich für die Farben und Schriftarten Ihrer Marke entschieden haben, sollten Sie sicherstellen, dass diese auf allen Plattformen und in allen Beiträgen in den sozialen Medien einheitlich sind. In der Sprache Ihrer Beiträge, Anzeigen und Antworten auf Kommentare oder Bewertungen auf Ihren verschiedenen Social Media-Plattformen sollte der Tonfall einheitlich sein.

Ein tieferes Verständnis der finanziellen Situation eines Unternehmens Unternehmens kann von Vorteil sein. Bessere Zinssätze, ein besserer Schutz vor Risiken und rechtlichen Verpflichtungen sowie der Zugang zu mehr Kapital sind Vorteile regelmäßiger Audits.

BRAND DNA

Like an actual human, your business identity is a composition of tangible and intangible traits - called *Brand DNA*. The most popular DNA components are:

5

ERSTE SCHRITTE DES BRAND-AUDITING

Wie bereits erwähnt, ist die Durchführung eines Brand-Auditing eine gute Möglichkeit, um herauszufinden, warum einige Dinge in Ihrem Unternehmen gut laufen und andere nicht. Es dient auch dazu, die Stärken und Schwächen einer Marke zu ermitteln. Wenn Sie sich fragen, wie Sie Ihre Bemühungen verbessern können, um weitere Kunden zu erreichen, mehr Umsatz zu erzielen oder den Bekanntheitsgrad Ihrer Marke steigern können, könnte ein Brand-Audit genau das Richtige für Sie sein.

5.1 Lassen Sie ein Brand-Audit durchführen

Ein positives Image kann Ihnen helfen, Beziehungen zu vertiefen, Vertrauen aufzubauen und Ihre Verkaufsanstrengungen zu verbessern, während ein diffuses Firmenimage sowohl neue als auch bestehende Kunden verunsichern kann. Allerdings sind Unternehmen häufig mit dem Erreichen finanzieller Ziele beschäftigt und zögern, Ressourcen für die Verbesserung ihres Images bereitzustellen. Das ist ein schwerer Fehler. Wenn Sie dies vernachlässigen, kann das auf lange Sicht sehr teuer werden. Wie können Sie sonst erfahren, wann Sie einen Fehler gemacht haben?

Um sicherzustellen, dass die Kunden verstehen, wofür Ihr Unternehmen steht, und gleichzeitig einen hervorragenden Service erhalten, muss Ihr Branding die Werte Ihres Unternehmens widerspiegeln. Kleine Kommunikationsfehler können zu erheblichen Missverständnissen mit Ihren Kunden führen und mögliche Interessenten enttäuschen.

5.2 Branding für kleine Unternehmen

Ein kleines Unternehmen wird definiert als eines, das zwei der folgenden drei Kriterien erfüllt:

- Die Bilanzsumme kann bis zu 6 Millionen Euro betragen.
- Umsätze von bis zu 12 Millionen Euro sind möglich.
- Es sollten nicht mehr als 50 Mitarbeiter tätig sein.

Häufige Branding-Fehler von Unternehmen

Was sind die häufigsten Fehler, die Unternehmen bei der Entwicklung einer Marke begehen? Sie denken in kleinen Maßstäben und konzentrieren sich nicht auf alle wesentlichen Aspekte. Viele Kunden berücksichtigen fast alle Details, wenn sie einen Kauf tätigen - sie möchten es einfach mit einem stimmigen, professionellen Unternehmen zu tun haben, unabhängig von der Größe.

5.3 Die Aufgaben eines Brand-Auditors

Brand Auditors, auch bekannt als Brand Strategists, erfüllen verschiedene Funktionen. Sie sind für das Sammeln von Erkenntnissen, die Entwicklung von Strategien, die Verbesserung des Designs einer Marke und die Verbesserung des gesamten Markenauftritts zuständig.

1. Einblicke und Recherchen

Am Anfang jedes Auditings steht die Recherche. Die wichtigsten Entscheidungen sollten auf Daten über den Kunden, die Branche und die Konkurrenz beruhen. Brand-Auditors können für die Durchführung von grundlegenden Recherchen zuständig sein, um die Bedürfnisse der (aktuellen und zukünftigen) Kunden zu ermitteln und zu erfüllen. Sie können auch sekundäre Recherchen durchführen, um die Branche, konkurrierende Marken und relevante Trends besser zu verstehen. Die Forschungsergebnisse können für eine Vielzahl von wichtigen Unternehmensfunktionen von Nutzen sein, darunter:

- Marketing
- Vertrieb
- Produkt
- HR
- IT

Die besten Brand-Auditors kennen sich mit verschiedenen Forschungsmethoden zur quantitativen und qualitativen Datenerhebung aus, darunter Umfragen, Tiefeninterviews, Fokusgruppen, Ethnographie und andere.

2. Strategie

Nach der Durchführung umfangreicher Recherchen nutzen die Auditoren die Daten, um die Ideen zu dokumentieren, die leistungsstarken Marken zugrunde liegen. Dazu könnte die Verfeinerung des Zwecks, der Mission und der Werte eines Unternehmens gehören.

Dazu gehört wahrscheinlich auch die Entwicklung eines aussagekräftigen Porträts der Zielgruppe, in dem deren Bedürfnisse und Ziele klar definiert werden. Brand-Auditors ermitteln dann die strategische Positionierung eines Unternehmens und legen offen, wodurch es sich von der Konkurrenz unterscheidet.

3. Unterstützung bei der Entwicklung einer eindeutigen Marktpositionierung

Dies hilft bei der Entwicklung einer umfassenden, gut strukturierten Story über die Marke.

Wenn es um die Entwicklung neuer Produkte und Innovationen im Allgemeinen geht, nehmen sich Brand-Auditors auch Zeit, um einen Prozess zu überwachen, der sich auf die Zielgruppe konzentriert. Und schließlich können Brand-Auditors dabei helfen, Marketingstrategien zu entwickeln, die das interne und externe Publikum über das Unternehmen aufklären und Anknüpfungspunkte für das Wachstum des Unternehmens schaffen.

4. Design

Brand-Auditors spielen eine wichtige Rolle bei der Ausrichtung der Markenpositionierung und der Entwicklung von Initiativen. Der Auditor bietet Einblicke und Vorschläge zur Verbesserung der gesamten Unternehmenskommunikation, der Messages, Ihrer Angebote und mehr. Brand Auditors können auch Ratschläge zu Arbeitsplätzen, Büros, Schaufenstern und anderen Bedingungen geben, um eine starke, einheitliche Marke aufzubauen, die einen treuen Kundenstamm anzieht.

Indikatoren für die Notwendigkeit eines Brand-Auditors .
Vielleicht fragen Sie sich jetzt, nachdem Sie mehr über die Rolle eines Brand-Auditors erfahren haben, ob es an der Zeit ist, einen Branding-Experten für Ihr Unternehmen zu engagieren. Im Folgenden finden Sie einige Anzeichen dafür, dass Sie die Dienste eines Brand-Auditors in Anspruch nehmen sollten:

- Das Wachstum Ihres Unternehmens ist ins Stocken geraten.
- Sie erreichen die Unternehmensziele nicht.
- Sie sind dabei, in einen neuen Markt einzutreten.
- Sie haben kürzlich eine Fusion oder Übernahme hinter sich.
- Sie führen eine neue Produktlinie ein.
- Ihr Branding scheint veraltet zu sein.
- Ihre Website liefert nicht die erhoffte Performance.
- Sie behalten die Ergebnisse nicht im Auge.
- Ihre Kundenprofile sind mehrdeutig.
- Ihr Führungsteam ist festgefahren.
- Sie verfügen nicht über die Macht, den Preis in Ihrem Markt zu bestimmen.

5.4 Soft-Facts sind die neuen Hard-Facts.
Soft-Facts sind universeller Natur und beziehen sich auf die Art und Weise, wie Ihre Kunden mit den von Ihnen hergestellten Produkten oder Dienstleistungen umgehen und wie sie darüber denken. Fragen hierzu helfen Unternehmen dabei, eine Beziehung zu ihren Kunden aufzubauen, und sind eine hervorragende Methode, um Diskussionen anzuregen. Der Aufbau einer Beziehung zu Kunden über Fragen zu Soft-Facts erfordert mehr Zeit und Mühe als Fragen nach Hard-Facts. Dennoch trägt dies wesentlich dazu bei, Ihren Ruf als Branchenkenner in den Köpfen Ihrer Kunden zu festigen.

5.5 Warum sind Soft-Facts für Ihre Marke von Vorteil?

Soft-Facts sind entscheidend für das Handeln der Menschen. Beispiele hierfür sind Überzeugung, Meinungen und Stimmungen. Ihr Kunde kauft bei Ihnen auf der Grundlage von Soft-Facts, wie beispielsweise seinen Gefühlen, Einstellungen und Meinungen, und nicht auf der Grundlage von Hard-Facts. „Was halten Sie von Ihrer Lebensversicherung?" „Welches Einkommen wünschen Sie sich für Ihre Witwe?" sind Beispiele für Fragen nach Soft-Facts, die Überzeugungen in Bezug auf Sie und Ihr Angebot offenbaren. Und es sind die Soft-Facts der Kunden, die darüber entscheiden, ob sie bei Ihnen kaufen.

5.6 Die Rolle von Soft-Facts bei Investitionsentscheidungen

Soziale Verantwortung von Unternehmen, Vielfalt, das Engagement der Mitarbeiter und die Bindung an das Unternehmen - also Faktoren, die nicht finanzieller Natur sind und nicht mit dem Markt zusammenhängen und die früher für Marken oft lediglich Floskeln waren - haben sich wieder zu wichtigen Faktoren in der Entscheidungsfindung von Unternehmen herauskristallisiert. Wenn es um Entscheidungen über Investitionen und Strategien geht, haben Unternehmen Recht, wenn sie ihr Augenmerk auf die Details richten. Als Marke sollten Sie sich die Gegebenheiten ansehen, wie beispielsweise die Bilanzen Ihres Unternehmens und das Wettbewerbsumfeld, in dem es tätig ist, und eine detaillierte und komplizierte Prüfung der grundlegenden und technischen Parameter vornehmen. Auf diese Weise versuchen Sie, sich ein ganzheitliches Bild zu machen und das Wachstumspotenzial eines Unternehmens genau einzuschätzen.

Was ist mit den immateriellen Werten? Wie oft vernachlässigen wir als Investoren und Unternehmen die Notwendigkeit, Teams zu bilden, und wie sehr beschäftigen wir uns damit? Wir mögen über Erfahrung, Geschichte und Ausbildung sprechen, aber wie können wir die Fähigkeit einer Person, sich an schwierige Situationen anzupassen oder Entscheidungen zu treffen, wirklich beurteilen? Das anhaltende Dilemma rund um Covid-19 hat uns vielleicht dazu veranlasst, unseren Ansatz zu verbessern und neu auszurichten, und das ist nur ein Silberstreif am Horizont. Die Pandemie hat Unternehmen vorsichtiger, zurückhaltender und strategischer bei ihren Ausgaben werden lassen. Was Risikokapitalunternehmen anbelangt, so erhielten Startups im Nahen Osten und Nordafrika in der ersten Hälfte des Jahres 2020 Rekordbeträge an Finanzmitteln, selbst als die VC-Firmen weltweit zu kämpfen hatten. Allerdings hat sich etwas geändert. Investoren stecken mehr Geld in weniger Unternehmen und konzentrieren sich auf Unternehmen mit geringerem Risiko, die sich in einem fortgeschrittenen Stadium befinden, sowie auf Branchen, die als Reaktion auf die gegenwärtige Atmosphäre angewachsen sind, wie Fintech und Health Tech.

Was hat sich seither sonst noch geändert? Unternehmen blicken zunehmend über den Tellerrand hinaus. Die Entwicklung eines flexiblen und ideenreichen Teams ist zu einem ständigen Bestreben und Ziel für jedes Unternehmen geworden, das in der aktuellen Krise nachhaltiges Wachstum erzielen möchte. Wenn Sie jemanden einstellen, achten Sie nicht nur auf seine Erfahrung und Ausbildung. Sie treffen sich mit ihm und unterziehen ihn verschiedenen Prüfungen, um ein Gefühl dafür zu bekommen, wer er als Mensch ist und wie er in Ihrem Team funktionieren würde.

5.7 Besondere Überlegungen

Wenn es darum geht, eine Marke zu entwickeln oder neu zu gestalten, sind Objektivität als Resonanzkörper und ein ungetrübter Blick von unschätzbarem Wert.

Wenn jemand ein Unternehmen gründet, ist das sein Traum - seine Lebensaufgabe - und es fällt schwer, das Unternehmen objektiv zu betrachten. Aus diesem Grund kann ein Brand-Auditor von großem Nutzen sein. Durch seine unvoreingenommene Meinung können Sie Dinge erkennen, die Ihnen bisher vielleicht entgangen sind und die Ihren Wettbewerbsvorteil schmälern, und genau hier kommt seine Erfahrung ins Spiel. Der Experte kann Ihnen Ideen und Vorschläge unterbreiten, an die Sie nicht gedacht haben. Und diese Vorschläge, egal wie groß oder klein, können erhebliche Auswirkungen auf Ihr Unternehmen haben.

Abgesehen davon hören Brand-Auditors auch zu, was Sie zu sagen haben. Die meisten Menschen, die zum ersten Mal einen Brand-Auditor beauftragen, sind besorgt, dass der Auditor nicht auf die tatsächlichen Bedürfnisse und Wünsche des Geschäftsinhabers eingeht. Manche Menschen denken so, aber die meisten glauben an einen kooperativen Ansatz. Die Hauptaufgabe eines Branding-Auditors zu Beginn einer Kooperation besteht darin, zuzuhören. Er hört sich die Geschichte des Unternehmens an und achtet darauf, wohin Sie sich mit Ihrem Unternehmen entwickeln wollen. Er wird aufmerksam verfolgen, wo Sie sich auf dem Markt sehen. Schließlich kann ein Auditor keine Strategie empfehlen, wenn er sie nicht versteht.

Es ist schwierig, Ihr Unternehmen objektiv zu betrachten. Daher ist es nur natürlich, sich an ein vertrauenswürdiges

Familienmitglied, einen guten Freund, einen ehemaligen Mitarbeiter, einen Mentor oder einen Brand-Auditor zu wenden. Seien Sie jedoch vorsichtig, wenn Sie zu viele Meinungen einholen. Freunden und Familienangehörigen liegt viel an Ihnen und sie wollen, dass Sie Erfolg haben. Daher sind sie oft am offensten mit ihren Meinungen und ihrem Feedback. Nicht selten sind diese Ratschläge aber auch widersprüchlich.

Als Unternehmer können Sie sich allerdings auch ein paar Stimmen aussuchen, auf die Sie hören. Denken Sie daran, dass das Unternehmen *Ihr* Traum ist. Schließlich hat kein großes Unternehmen jemals alle Mitglieder des Vorstands zufrieden gestellt. Sie alle mussten schwierige Entscheidungen treffen, von denen sie wussten, dass sie richtig waren. Holen Sie sich also Rat, aber entscheiden Sie letztendlich, auf wen Sie hören und welche Meinungen mit Ihren eigenen übereinstimmen.

5.8 Was geschieht nach einem Audit?

Die Hauptaufgabe eines Brand-Auditors besteht darin, ein gründliches Verständnis für das Wesen und die Ziele eines Unternehmens zu erlangen, was Meetings und Brainstormings mit wichtigen Akteuren des Unternehmens, wie den Abteilungen für Marketing und Branding, beinhalten sollte.

Ein Brand-Auditor sollte die Quelle der Probleme ausfindig machen, zu denen der operative Betrieb, die Vertriebsmitarbeiter, die Motivation der Mitarbeiter oder auch Branding-Strategien gehören können. Manchmal gibt es nur ein Problem, manchmal sind es aber auch mehrere Probleme. Die Aufgabe eines Brand-Auditors ist es, die Probleme zu erkennen und sie zu untersuchen, damit realistische und machbare Lösungen gefunden werden können.

Kunden sind die besten Markenbotschafter für jedes Unternehmen. Für einen Brand-Auditor ist es außerdem von entscheidender Bedeutung, die Wahrnehmungen der Kunden zu kennen, indem er sie analysiert und erforscht. Um Marketingstrategien, Werbemittel und Aktionen zu entwickeln und strategisch zu planen, die den Wert der Marke steigern und dem Unternehmen helfen, einen Wettbewerbsvorteil zu erlangen, müssen die besten Brand-Auditors den direkten und indirekten Wettbewerb, dem die Marke auf dem Markt ausgesetzt ist, gründlich untersuchen und analysieren.

5.9 Fazit

Als Marke sollten Sie stets Neues dazulernen und nach Möglichkeiten suchen, sich weiterzuentwickeln und zu verbessern, indem Sie sich ansehen, was andere, etabliertere Brands erreicht haben und wo sie Fehler gemacht haben. So sind Sie in der Lage, schneller als andere zu reagieren und sich anzupassen, wenn es um Krisen geht, die einen Paradigmenwechsel bewirken. So sind Sie der Konkurrenz immer einen Schritt voraus. Es gibt mehrere Erkenntnisse aus der Covid-19-Pandemie, aber die wichtigste für Unternehmen, egal in welche Branche sie sich bewegen, ist die Bedeutung der Aufmerksamkeit für Soft-Facts und komplexe Fragen.

Profil

Vernetzung:
aller bekannten Modelle
keine Method - Dogmatik

30 Jahre
Marken - Erfahrung &
Praxis-Know-how

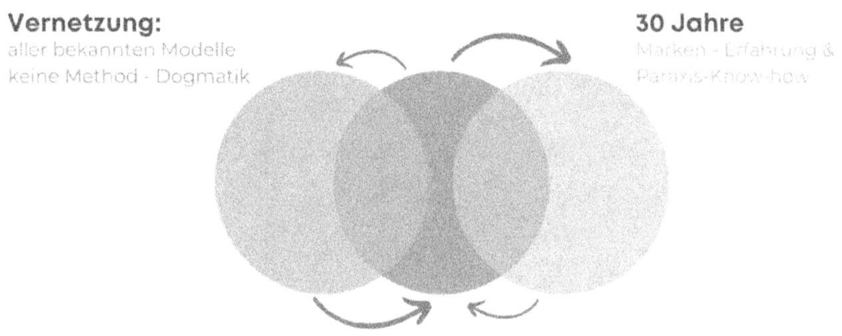

Unabhangigkeit

6

VIRTUELLES AUDITING KANN HELFEN, ABER NIEMALS DIE PERSÖNLICHE NOTE ERSETZEN

Auditing unterliegt genauso wie die Technologie einem ständigen Wandel. Audits, die früher vor Ort durchgeführt wurden - sei es ein persönliches Treffen mit einem Geprüften an seinem Schreibtisch, bei dem der Verkaufsprozess besprochen wurde, ein Kaffee mit einem leitenden Manager oder Direktor, bei dem der Kontext und die Unternehmensführung erörtert wurden, oder ein Rundgang durch die Fabrikhalle mit einem Mitglied des Teams - werden heute online durchgeführt.

6.1 Was ist ein virtuelles Auditing?

Ein Remote-Auditing, auch bekannt als virtuelles Auditing, ist eine Methode zur Durchführung eines Audits aus der Ferne, bei der elektronische Hilfsmittel wie Videokonferenzen, E-Mail und Telefon eingesetzt werden, um ähnlich wie bei einem Vor-Ort-Audit entsprechende Einblicke zu erhalten. Das übergeordnete Ziel besteht darin, diese Nachweise objektiv zu bewerten, um festzustellen, wie gut die Auditkriterien erfüllt wurden. Hierbei können Sie Tools wie Skype und Zoom in Echtzeit nutzen. Die Auditoren können dieselben Techniken anwenden, die sie auch bei Live-Audits einsetzen, wie beispielsweise Diplomatie und Respekt gegenüber dem Gesprächsteilnehmer.

Die Auditoren stellen weiterhin wichtige und sachdienliche Fragen zum Umfang des Auditings. Noch wichtiger ist, dass sie zwei wesentliche Fähigkeiten in vollem Umfang nutzen: Diversität und Kooperation.

6.2 Vorteile eines virtuellen Auditings

Einer der Vorteile besteht darin, dass Daten weltweit erhalten und ausgetauscht werden können, Unterlagen und Prozesse prüfen, Interviews führen und Beobachtungen anstellen zu können, ohne an den Prüfungsort zu reisen. Auditoren können mehr Zeit für die Tätigkeiten aufwenden, die einen Mehrwert darstellen, wie beispielsweise die Durchsicht der Dokumentation, um festzustellen, welche Audit-Trails untersucht werden müssen, und das Verfassen von Berichten auf einem höheren Niveau. Die Ziele der Prüfung, die verfügbare Technologie und die Art der zu sammelnden Nachweise sind wesentliche Faktoren, die bei der Entscheidung, ob ein Remote-Audit angemessen ist, berücksichtigt werden müssen.

Der Einsatz von Technologien zur Durchführung von Audits spart sowohl Zeit als auch Geld. Wir können von verschiedenen Standorten aus auf die Daten zugreifen, auch über ein Cloud-Portal. Wenn eine bestimmte Zeit für das Auditing vorgesehen ist, ist es wahrscheinlicher, dass sich die geprüften Personen an dem Prozess beteiligen. Es ist weniger wahrscheinlich, dass sie durch dringende Arbeitsaufträge wie die Beantwortung von E-Mails, Telefonanrufe oder die Beantwortung von Fragen von Kollegen abgelenkt oder gestört werden. In der Branche kommt es häufig zu einem Audit-Burnout, vor allem wenn die Auditoren mehrere eintägige Audits pro Woche durchführen, zu verschiedenen Standorten reisen und Berichte anfertigen. Virtuelle Lösungen können diesen Prozess auflockern und eine andere Perspektive und Herangehensweise ermöglichen, was einen Mehrwert darstellt.

Die Art der Nachweise, die gesammelt werden müssen, ist ein wesentlicher Faktor, der bei der Entscheidung, ob eine Fernprüfung unter den gegebenen Umständen angemessen ist, zu berücksichtigen ist. Natürlich gibt es auch Nachteile zu bedenken. Ein Auditings des realen Arbeitsumfelds eines Fertigungsunternehmens, wie zum Beispiel der Werkshalle oder des Lagers, oder ein Auditing des Schweißprozesses eines Stahlherstellers eignen sich unter Umständen nicht für eine Fernprüfung. Virtual Audits sollten nicht als Maßnahme zur Kostenreduzierung eingesetzt werden, weil sie für das geprüfte Unternehmen logistisch weniger kompliziert sind. Sie sollten nur dann in Erwägung gezogen werden, wenn Sie sicher sind, dass ein virtuelles Audit die Ziele zweifelsfrei erreichen kann.

Ein weiterer Punkt, den Sie berücksichtigen sollten, ist die Technologie. Befragungen und Besprechungen können gestört werden, wenn die Netzwerkverbindungen unzuverlässig sind, und es kann einige Zeit dauern, bis die Verbindung wiederhergestellt und alle Netzwerkprobleme behoben sind. Der Zugang zu relevanten Datenbanken und Systemen sollte erwogen werden, um sicherzustellen, dass greifbare und objektive Beweise zur Überprüfung zur Verfügung stehen. Die direkte Interaktion mit der geprüften Stelle geht bei Fernprüfungen verloren. Dies ist zwar keine Hexerei, aber die

Möglichkeit, die Körpersprache zu lesen, kann verloren gehen, was bei der weiteren Untersuchung von Problemen und Audit-Trails während eines Audits vor Ort entscheidend sein kann.

6.3 Warum hat man sich auf das virtuelle Auditing verlegt?

Unternehmen waren aufgrund der Covid-19-Pandemie gezwungen, auf Distanz tätig zu werden und sich digitale Technologien zu eigen zu machen, ob sie nun darauf vorbereitet waren oder nicht. Covid-19 hat die Entwicklung hin zu einem virtuellen Audit erheblich beschleunigt. Allerdings sind nach wie vor klare, dokumentierte Beweise erforderlich, sonst wäre ein Audit nur ein loses Meeting.

Es geht um die digitale Transformation, die den Auditprozess in etwas fast völlig Neues verwandelt - ein neuartiges Erlebnis. Schon vor der Covid-19 Pandemie hat sich der Wind gedreht. Brand-Auditors haben mit neuen Technologien experimentiert und mit Big Data kooperiert, um qualitativ hochwertigere, leistungsfähigere und gezieltere Audits durchzuführen. Seit mehr als einem Jahrzehnt sind Servicenetzwerke in Kanada Vorreiter, die digitale Innovationen durch Daten und Analysen, fortschrittliche technologiegestützte Werkzeuge zur Risikobewertung und regelbasierte Erkennung von Anomalien in ihre Audits einbeziehen. Einige Prüfungen beinhalten sogar präzise künstliche Intelligenz (KI). Doch die Pandemie hat den Wandel beschleunigt. Unternehmen überdenken plötzlich, wie sie mit Kunden, Lieferanten und Aufsichtsbehörden umgehen. Die Ungewissheit - in Verbindung mit dem rasanten wirtschaftlichen Wandel hin zum digitalen Geschäft - hat die Kreativität entfacht und Menschen ermutigt, über den Tellerrand hinauszuschauen.

Angesichts der Schließung von Büros und der Notwendigkeit von Social Distancing nutzen Auditoren alte und neue Technologien, um Audits aus der Ferne durchzuführen, von der ferngesteuerten Gewinnung und Analyse von Daten bis hin zur Entwicklung von Branding mithilfe von Drohnen. Und diese neuen Arbeitsweisen müssen so umgesetzt werden, dass die etablierten Standards eingehalten werden und gleichzeitig den Interessengruppen Sicherheit geboten wird.

6.4 Auditing während der Pandemie

Wenn Social-Distancing und Remote-Work in diesen ungewöhnlichen Zeiten zur Norm geworden sind, benötigen auch Auditoren eine digitale Transformation. Bei der Zukunft des Audits geht es jedoch nicht nur um Remote-Audits, sondern auch darum, die zugrunde liegenden Prozesse mithilfe von Technologie umzugestalten, um drei Ziele zu erreichen: eine qualitativ hochwertigere Prüfung, eine effizientere Prüfung und bessere Einblicke in die geschäftlichen Abläufe unserer Kunden durch den traditionellen Auditprozess. Zu Beginn der Pandemie ließen die Aufsichtsbehörden auf Bundes- und Landesebene Unternehmen einen gewissen Spielraum bei den Fristen - dennoch mussten die Unternehmen ihre digitalen Verfahren für die laufende vierteljährliche und jährliche Berichterstattung beschleunigen. Covid-19 erschütterte den Status quo innerhalb weniger Tage.

Auch wenn sich die Standards nicht geändert haben, hat die Pandemie neue Risiken geschaffen. Nach Angaben des Canadian Public Accountability Board hat die Telearbeit zu erheblichen Veränderungen bei internen Kontrollen geführt. Unternehmen sind dadurch anfälliger für Betrug und Cybersecurity-Angriffe, was durch Ressourcenknappheit und

Personalabbau erschwert wird, so dass es immer schwieriger wird, angemessene Kontrollen zu entwickeln. Vor der Pandemie waren viele größere Unternehmen mit der Digitalisierung ihrer Dokumente bereits weit fortgeschritten, während kleinere Unternehmen gerade erst anfingen oder erst auf halbem Wege waren. Unternehmen testeten Cloud-basierte Systeme zur Erfassung von Daten sofort. Die Pandemie zwang jedoch alle dazu, einen neuen Ansatz für das Auditing zu wählen.

Die Pandemie machte diese Veränderung notwendig; es gab keine Zeit für Diskussionen. Traditionelle Hindernisse für den Zugriff von Auditoren auf Daten - Widerstand und Bereitschaft der Kunden - wurden schnell überwunden, und Unternehmen erprobten Technologien für Audits. Und das mit Erfolg. Damit wurde der Weg für eine transformative Zukunft geebnet, in der Kunden Updates in Echtzeit erhalten können, während sich die Branche auf ein fortlaufendes Auditing zubewegt. Die Pandemie hat uns diesem Ziel näher gebracht und die Investitionen in Technologien beschleunigt, die uns auf dem Weg dorthin helfen. Auch wenn die Vor-Ort-Besuche wieder aufgenommen wurden, sind viele dieser Veränderungen noch nicht abgeschlossen. Die Märkte und Aufsichtsbehörden haben aufgrund der verbesserten Erfahrungen im Zusammenhang mit der Qualität der Prüfungen an Vertrauen gewonnen.

6.5 Wie Technologien das Auditing verändern

Vor dem 21. Jahrhundert ging es beim Branding hauptsächlich um vier Faktoren: Kommunikation, Absatzförderung, Preis und Vertrieb. Im neuen Jahrtausend ist der Wettbewerb vitaler geworden, was zu Veränderungen im Branding geführt hat. Das Handling einer Marke umfasst jetzt:

- Analyse der Bedürfnisse und des Verhaltens der Verbraucher; eine kundenzentrierte Strategie;

- Das Eintauchen in die digitale Welt und neue Wege der Kommunikation mit den Kunden;

- Wöchentliche branchenübergreifende Marketinganstreng ungen mit Tonnen von Material;

- Kommunikation und abteilungsübergreifende Zusammenarbeit sowie weitere Themen.

Auch wenn die Technologie der Grund dafür ist, dass die Geschäftswelt so viel komplexer geworden ist, so ist sie doch auch für das strategische Branding hilfreich. Erwägen Sie den Einsatz der folgenden Tools, um Ihre Marke wirkungsvoll zu verwalten.

Digital Asset Management
Digital Asset Management ist ein ausgezeichnetes Werkzeug zur Aufrechterhaltung der Konsistenz Ihrer Marke. Sie benötigen eine zentrale Quelle für digitale Assets, da sich im Laufe der Jahre wahrscheinlich eine Menge an Materialien für Ihre Marke und Ihr Marketing angesammelt hat. Zunächst einmal hilft ein DAM-System bei der Organisation und der Zugänglichkeit von Branding-Assets. Außerdem hilft es bei der Verteilung von Dokumenten an andere Abteilungen und Vertriebspartner, Partner und Kunden.

Customer Relationship Management (CRM)
Branding und Customer Experience gehen Hand in Hand, weshalb das CRM so wichtig ist. Jede Interaktion zwischen Ihrer

Marke und Interessenten, Kunden, Lieferanten und dergleichen wirkt sich auf das Image Ihrer Marke aus, und das CRM wurde ins Leben gerufen, um diese Interaktionen zu verwalten.

Wenn es um das Branding geht, ist ein CRM-System sehr nützlich, um:

- Ihre Botschaft einheitlich zu gestalten, indem Sie die Kommunikation mit Ihren Kunden sorgfältig verwalten.
- Einen persönlichen Ansatz für Ihre Kunden zu wählen.
- Die erfolgreichsten Kampagnen und Vorlagen zu definieren und wiederzuverwenden.
- Zahlreiche organisatorische Maßnahmen zu verfolgen und zu analysieren, um zu verstehen, wie Ihre Marke in der Öffentlichkeit wahrgenommen wird.

Social Media Management

Der Einsatz sozialer Medien in Ihrem Branding-Plan ist von entscheidender Bedeutung. Es geht darum, zu überwachen, wie Ihr Unternehmen online wahrgenommen wird, und gleichzeitig näher an Ihr Publikum heranzukommen und eine aktive Präsenz zu zeigen. Holen Sie sich eine Lösung für das Social Media Branding, um regelmäßige Aktualisierungen in den sozialen Medien zu automatisieren und bei Bedarf schnell zu reagieren.

Ein leistungsstarkes Werkzeug zum Markenmanagement kann Folgendes leisten:

- Überwachung des Geschehens in den sozialen Medien und Benachrichtigungen, wenn Sie von jemandem erwähnt werden.

- Tägliche Inhaltspläne und Aktualisierungen erstellen.
- Automatisch Kommentare verwalten.
- Unterstützung bei der Verbreitung von Inhalten.

Branding Marketing Tools
Im Bereich Branding Marketing Management gibt es vielleicht die größte Auswahl an Möglichkeiten:

- Apps für Video Branding, die Sie bei der Erstellung und Verbreitung hochwertiger Videoinhalte unterstützen.

- Logos, Poster, Broschüren und andere visuelle Inhalte werden mit Design-Tools erstellt.

- E-Mail-Marketing-Tools, mit denen Sie Ihre E-Mail-Kampagnen verbessern können.

- Verwenden Sie Content Marketing Tools, um die Entwicklung Ihrer Inhalte zu verwalten. Sie können hier Blog-Einträge schreiben, planen und freigeben. Sie können das System auch zur Verwaltung von sozialen Medien, SEO und PPC-Werbung verwenden.

- Verwenden Sie Analysetools, um die Aktivitäten Ihrer Marke zu verfolgen und datengestützte Entscheidungen zu treffen.

- Nutzen Sie Tools für Markenumfragen, um mehr über die Wahrnehmung Ihrer Marke zu erfahren.

- Laden Sie Anwendungen für die Markenstrategie herunter, um weitere Vorschläge und Ideen für das Wachstum Ihrer Marke und einen Überblick über die neuesten Marketingtrends zu erhalten.

Tools für das Reputationsmanagement

In der heutigen Welt ist es von entscheidender Bedeutung, die Wahrnehmung Ihres Unternehmens durch die Kunden im Auge zu behalten und einen vorausschauenden Ansatz für den Aufbau eines positiven Images Ihrer Marke zu entwickeln. Da die Mundpropaganda für viele Unternehmen fast ein Drittel der Kunden ausmacht, sollten Sie in Software für das Reputationsmanagement investieren, um Ihre Marke zu schützen.

Verwenden Sie ein Werkzeug zum Reputationsmanagement, um:

- Ungünstige Online-Bewertungen und -Kommentare schnell ausfindig zu machen und darauf zu reagieren.
- Positive Rückmeldungen zu sammeln und auf Ihrer Website zu veröffentlichen.
- Wenn jemand Sie in den sozialen Medien erwähnt, erhalten Sie sofort eine Benachrichtigung.
- Berichte über neue Zielgruppen, Aktivitäten von Mitbewerbern und Impact Scores zu erstellen.

6.6 Die Überwindung von Widerstand und mangelnder Bereitschaft

Auch wenn die Zukunft des Auditings rosig aussieht, gibt es noch einige Hindernisse zu überwinden. Um regelbasierte Algorithmen und KI zu nutzen, benötigen Sie saubere Daten im richtigen Format. Die Qualität der Daten entscheidet über die Leistungsfähigkeit der Tools. Kunden, die in ihrer digitalen Transformation schon weiter waren, profitierten sehr davon, dass sie während der Pandemie über saubere, formatierte Daten verfügten, was zu geringen oder gar keinen Unterbrechungen bei ihren Audits führte. Diese Kunden waren beispielsweise in der Lage, mit Hilfe von Cloud-basierten Funktionen zur Nutzung von Daten diese sicher in einem digitalen Format auszutauschen. Dies hat ihnen den Übergang zur virtuellen Arbeit erleichtert und ihnen in einer Zeit der Unsicherheit und des Umbruchs mehr Stabilität verliehen.

Als Covid-19 aufkam, befanden sich viele Unternehmen noch im Prozess der digitalen Transformation ihrer Systeme. Dieses einmalige Ereignis war für diese Kunden ein Weckruf, der ihnen die dringende Notwendigkeit vor Augen führte, ihre digitalen Fähigkeiten zu verbessern. Hatten sie zu Beginn des Jahres noch über die Notwendigkeit und die Kosten der digitalen Transformation debattiert, so haben die pandemiebedingten Lockdowns und die Anordnungen zur Gefahrenabwehr den Investitionsbedarf deutlich gemacht und viele dazu veranlasst, zu handeln. Unternehmen, die ihre Originaldokumente noch nicht digitalisiert hatten, mussten dies schnell tun, um Fernarbeit und schließlich auch Fernaudits zu ermöglichen.

Unternehmen haben schnell Werkzeuge zur Erfassung von Daten, zur Analyse und zur künstlichen Intelligenz eingeführt, um den Auditprozess zu virtualisieren. Dies hat sich als Vorteil erwiesen, da die Unternehmen belastbarer geworden sind und gut aufgestellt sind, um mit den neuen Gegebenheiten in der Geschäftswelt umzugehen.

6.7 Warum sind ausschließliche Virtual-Audits unzureichend?

Ein Audit ist eine Bewertung von Qualität und Effizienz, die nach der Umstellung auf die Digitalisierung und künstliche Intelligenz vorgenommen wird. Es gibt keinen Prüfer, der in Ihre Räumlichkeiten eindringt, keine Zeitverschwendung bei einem Vor-Ort-Besuch und keine Ausgaben für die Reisekosten des Prüfers. Ein Vor-Ort-Besuch ist meiner Meinung nach jedoch vorrangig und eine Voraussetzung für jeden Audit-Auftrag. Manche Dinge können nicht online erfahren oder nachvollzogen werden. Prüfungen, die aus der Ferne durchgeführt werden, können nur bis zu einem bestimmten Punkt ausreichen. Was läuft also bei Virtual-Audits schief?

- Kommunikation von Angesicht zu Angesicht: Wie kann man Ihr Unternehmen richtig wiedergeben, wenn der Auditor die Menschen, die dort arbeiten, noch nie getroffen hat? Falls er noch nie in Ihrem Gebäude war, wie kann er dann ein Gefühl für Ihre Unternehmenskultur bekommen? Wenn ein Auditor seine Meinung kundtut, setzt er seinen Namen, seinen Ruf und den Ruf des Unternehmens aufs Spiel, was eine große Verantwortung darstellt. Warum sollten Sie andererseits die Bemühungen Ihres Unternehmens um die Einhaltung der Vorschriften in die Hände eines weit entfernten Auditors legen, den Sie nie kennengelernt haben?

- Qualität: Qualitativ hochwertige Audits erfordern eine akribische Aufmerksamkeit für alle Details, eine genaue Prüfung und eine gründliche Untersuchung der Kontrollen eines Unternehmens. Um dieses Level an Qualität zu erreichen, muss ein Prüfer vor Ort sein, um Verfahren zu beobachten, Kontrollmechanismen auszutesten und Mitarbeiter zu befragen. Virtual Audits bieten diese grundlegenden Aspekte einer Qualitätsprüfung nicht.

- Dauerhaftigkeit: Compliance ist ein Weg, den Ihr Unternehmen nicht allein beschreiten sollte. Bei einem Vor-Ort-Besuch wird sich ein erfahrener Auditor darauf konzentrieren, Ihr Unternehmen kennenzulernen und Bereiche aufzuspüren, in denen Sie die Richtlinien nicht einhalten, damit Sie Abhilfe schaffen können. Audits aus der Ferne vermitteln kein vollständiges Bild von der Einhaltung der Compliance, da sie nicht alle Ihre Anforderungen tatsächlich überprüfen können und auch nicht zur Nachhaltigkeit der Compliance in Ihrem Unternehmen beitragen.

6.8 Was sollten Sie bei einem Vor-Ort-Besuch erwarten?

Warum sollte der Auditprozess einen Vor-Ort-Besuch beinhalten? Was sollten Sie erwarten, wenn ein Prüfer durch Ihre Tür kommt? Was können Sie tun, um sich auf einen Vor-Ort-Besuch vorzubereiten? Um sich so gut wie möglich auf einen Vor-Ort-Besuch vorzubereiten, können Sie den Auditprozess mit dem Online Audit Manager beginnen. Um die Grundlagen für Ihren Vor-Ort-Besuch zu schaffen, arbeiten Sie mit einem Audit-Support-Experten zusammen, der Ihnen den Ablauf des Audits erklärt, Fragen zu den Prüfungen beantwortet und die entsprechenden Unterlagen versendet.

Sie können darauf vertrauen, dass ein Prüfer qualitativ hochwertige Untersuchungen durchführt und Ihr Unternehmen besser versteht, wenn er Ihre internen Kontrollen vor Ort beobachtet, überprüft und darüber berichtet. Ein Prüfer wird die Sicherheitsmaßnahmen, organisatorischen Abläufe, Personalverfahren und alle anderen Vorschriften untersuchen, die nicht aus der Ferne getestet werden können. Der ausführliche Besuch vor Ort gibt Ihrem Unternehmen die Gewissheit, dass Sie ein qualitativ hochwertiges Audit erhalten haben und sich auf dem richtigen Weg zur Einhaltung der Compliance befinden.

6.9 Fazit

Die Verwendung eines aussagekräftigen Logos war noch vor einem Jahrzehnt eine der wichtigsten Aufgaben der Unternehmen beim Branding. Heute weiß jedoch jeder, dass das Branding verschiedene Aktivitäten umfasst, vom Management Ihrer Internetpräsenz bis hin zur Kultivierung einheitlicher Markenassets.

Angesichts der zahlreichen Möglichkeiten, die es auf dem Markt gibt, ist es keine Überraschung, dass Software für das Branding unverzichtbar geworden ist. Technologien haben das Branding maßgeblich beeinflusst und ermöglichen es Ihnen nunmehr, eine stärkere Bindung zwischen Ihrem Publikum und Ihrem Unternehmen herzustellen. Sie unterstützen Sie auch bei sich wiederholenden und lästigen Vorgängen, wie beispielsweise der Verteilung von Markenassets, und ermöglichen es Ihnen, sich auf wichtigere Aufgaben zu konzentrieren.

Mit Hilfe eines Online-Audit-Managers kann Ihr Unternehmen etwa 80 % eines Audits erledigen. Für die verbleibenden 20 % ist jedoch ein Besuch vor Ort zur Prüfung und Kontrolle erforderlich. Planen Sie einen Vor-Ort-Besuch mit Ihrem Auditor, um das Beste aus dem Auditprozess herauszuholen.

7

WARUM DIE MEISTEN MARKETING- DIRECTORS ANGST VOR BRAND- AUDITORS HABEN

7.1 Der Marketing-Director und die Marke

Wenn Sie ein Unternehmen besitzen, haben Sie vielleicht schon eine Vorstellung davon, wie schwierig es ist, Ihr Marketing zu organisieren. Viele Geschäftsinhaber beschäftigen Marketing-Directors, weil es so komplex ist Marketingkampagnen effektiv zu steuern.

Diese sind dafür verantwortlich, die Marketingkampagnen des Unternehmens zu managen und zu koordinieren.

Marketing-Directors sind für das gesamte Branding, das Image und die Marketing-/Kommunikationsstrategien ihres Unternehmens verantwortlich. Sie erstellen jährliche Marketingpläne, einen Kalender für Kampagnen und Veranstaltungen, ein Marketingbudget sowie eine Analyse des Marktes und der Mitbewerber.

7.2 Der Arbeitsalltag

Zu den typischen Aufgaben gehören:

- Planung und Umsetzung einer Marketingstrategie für das Unternehmen sowie für neue und bestehende Produkte und Dienstleistungen.

- Beaufsichtigung der Umsetzung der Marketingstrategie.

- Erstellung einer Branding-Strategie.

- Aufstellung und Verwaltung eines jährlichen Marketingbudgets.

- Erstellung eines Veranstaltungskalenders, beispielsweise für Webinare, Konferenzen und Thought-Leadership-Beiträge, und Nachverfolgung der Termine.

- Steuern der täglichen Aktivitäten des Marketingteams und des Marketingmanagers.

- Regelmäßige Überprüfung von Veränderungen des Marktes, Trends im Verbraucherverhalten und Aktivitäten der Mitbewerber sowie notwendige Anpassungen des Marketingplans.

- Versorgen des Vertriebsteams mit den Werkzeugen und Materialien, die es für seinen Erfolg benötigt.

- Organisieren und Verbessern der Präsenz des Unternehmens in den sozialen Medien.

- Management und Ermittlung der Kosten von Marketingkampagnen.

- Bewertung der Wirksamkeit von Marketingkampagnen anhand vorgegebener Kennzahlen.

- Abfrage der Datenbanken des Unternehmens sowie externer Daten für Marketingkampagnen.

- Erstellung einer Liste möglicher neuer Geschäftsvorhaben.

- Durchführung von Marktforschung.

- Verhandlungen mit Medienagenturen, um Vereinbarungen über die Produktion von Werbematerial zu erzielen.

7.3 Entscheidende Fähigkeiten

- Sie sind für die Aufsicht über die Marketingabteilung und die Leitung des Tagesgeschäfts verantwortlich, was bedeutet, dass Sie Mitglieder des Marketingteams anwerben, beaufsichtigen und anleiten müssen.

- Führungsqualitäten und Einfluss: Da die Rolle von Kreativität geprägt ist, müssen Sie sich als ausgezeichneter Kommunikator erweisen. Häufig berichten Sie direkt an den Vorstandsvorsitzenden und teilen dem Führungsteam Ihre Visionen und Ideen mit. Außerdem sind Sie für die Überwachung und Leitung der Arbeit anderer zuständig. Als Marketing-Director müssen Sie ständig Kontakte knüpfen und Ihr Unternehmen nach außen hin repräsentieren.

- Analyse von Daten: Der Job erfordert eine ständige Beobachtung der Markttrends und der Positionierung der Mitbewerber. Diese Recherchen bilden die Grundlage für Marketingstrategien. Sie müssen mit diesen Techniken vertraut sein, denn ein großer Teil dieser Analyse erfolgt durch die Analyse von Daten über das Verhalten und die Erfahrungen von Kunden.

7.4 Warum brauchen Unternehmen einen Marketing-Director?

Diese koordinieren die Kommunikation, arbeiten direkt mit den Sales-Verantwortlichen zusammen und unterstützen diese wirksam und sind für den Aufbau der Marke Ihres Unternehmens verantwortlich.. Die Aufgabe ist nicht einfach, aber sie besteht darin, dafür zu sorgen, dass Ihre Marketingfunnels wirkungsvoll sind und mit Ihrer Gesamtbotschaft übereinstimmen. Sie sind sind für die Leitung der Marketingabteilung oder des angeheuerten Teams verantwortlich. Da die Anforderungen an das Marketing in jedem Unternehmen anders sind, müssen Marketing-Directors ihre Fähigkeiten an neue Herausforderungen anpassen. Ohne einen Marketing-Director gibt es keinen zentralen Verantwortlichen für den Aufbau Ihres Brandings und für Unternehmen, die ihre Markenmacht ausbauen wollen, sind diese gar unverzichtbar. Der typische Geschäftsinhaber kann neben seinen anderen Rollen in der Regel nicht gleichzeitig als Marketingleiter fungieren. Dies gilt insbesondere, wenn Ihr Unternehmen wächst.

Wenn Sie zum ersten Mal diesen Posten besetzen, sollten Sie die Qualifikationen und Fähigkeiten angeben, nach denen Sie suchen. Machen Sie deutlich, welche Aufgaben Ihr Marketing-Director haben soll und in welche Struktur er eingebettet ist. Informieren Sie im Detail über den Auftrag Ihres Unternehmens, Ihre Vision, die Struktur und die von Ihren Bewerbern geforderten Fähigkeiten und Ausbildungen. Das Wichtigste: teilt der Bewerber Ihre Vision, hat er die Fähigkeiten diese umzusetzen und einen entscheidenden Beitrag für den Unternehmenserfolg zu liefern.

7.5 Worin besteht der Aufgabenbereich?

Je nach Unternehmen haben Marketing-Directors unterschiedliche Aufgaben. Je nach Tätigkeit können sie auch andere Titel tragen. Machen Sie deutlich, dass Sie jemanden mit besonderen Fähigkeiten und Erfahrungen suchen. Sie suchen jemanden, der bewiesen hat, dass er die spezifischen Anforderungen Ihres Unternehmens erfüllen kann.

Eine solche Führungskraft ist für die direkte Koordinierung der Marketingmaßnahmen zuständig und sorgt dafür, dass das gesamte Unternehmen *on-brand* ist. Außerdem sorgen sie dafür, dass sich mögliche Kunden für Ihre Marke interessieren und dass bestehende Kunden immer wieder gerne zu Ihnen kommen.

Marketing-Directors arbeiten in der Regel eng mit den Abteilungen Vertrieb und Kundenservice zusammen, um ein einheitliches Image der Marke über alle Kanäle hinweg zu gewährleisten. Sie planen auch Firmentreffen, Messen und wichtige Branding-Events. Ein Bachelor-Abschluss in Marketing, Kommunikation oder Wirtschaft ist in der Regel Voraussetzung. Jeder Kandidat, den Sie in Betracht ziehen, sollte bereits Erfahrung in der Leitung eines Marketingteams und der Koordination von Kampagnen haben. Je besser das Projekt- und Stakeholder-Management ist, desto besser wird die Performance Ihres Unternehmens sein.

7.6 Was ist, wenn ich bereits einen Marketing-Director habe?

Damit Ihre Marketingkampagnen auch weiterhin erfolgreich sind, müssen Sie unbedingt Ihre Hausaufgaben machen. Vielleicht fragen Sie sich, ob Sie eine Marketingagentur brauchen? In der Regel ist die Antwort darauf ein klares „Ja"!

Ihre Marketingkampagnen und -maßnahmen können nur zu einem gewissen Teil von einem Einzelnen durchgeführt werden.

Falls Ihr Unternehmen Unterstützung im Bereich Marketing benötigt, sollten Sie sich umgehend mit Transformation-Marketing auseinandersetzen. Betrachten Sie den Marketing-Director Ihres Unternehmens als Kommunikationszentrale, sofern Sie bereits einen im Team haben. Ihr Marketing-Director benötigt die Sichtweisen von Grafikdesignern, Textern, Videofilmern, Experten für Werbeplattformen und Außenstehenden. Eine professionelle Marketingagentur bringt all dies mit und ist gleichzeitig bestrebt, dem Unternehmer zu helfen, seine Marketingziele zu erreichen.

7.7 Keine Angst vor Audits

Die meisten Unternehmen scheuen sich davor, einen Brand-Auditor zu engagieren, weil sie die zusätzlichen Kosten fürchten oder weil sie nicht auf alle Feinheiten ihrer Organisation geachtet haben. Eine Marke muss regelmäßig überprüft werden, so wie unser Körper auch. Das Vernachlässigen kleinerer Probleme mit Ihrer Marke kann später zu größeren Schwierigkeiten führen.

Selbst Spitzenunternehmen haben manchmal damit zu kämpfen, konkurrenzfähig und beweglich zu bleiben, während sie wachsen. Um Ihr Unternehmen auf das nächste Level zu bringen, brauchen Sie einen Brand-Auditor, der die Fortschritte des Unternehmens fortlaufend überwacht und sie mit den Zielen abgleicht.

7.8 Vorbereitungen

Der häufigste Ratschlag für Audits ist, im Voraus zu planen, um die Mitarbeiter vorzubereiten, insbesondere diejenigen, die noch nie auditiert wurden. So können Sie Ihre Mitarbeiter darüber informieren, wo sie nach Unterlagen suchen müssen und welche Fragen ihnen höchstwahrscheinlich gestellt werden. Schließlich betritt ein Fremder Ihre Einrichtung, und „nicht jeder fühlt sich wohl, wenn Fremde ihm Fragen stellen", so Denise Robitaille von *Robitaille Associates*. Auch wenn es offensichtlich erscheinen mag, sollten Sie Ihre Mitarbeiter daran erinnern, dass Ehrlichkeit entscheidend ist. Versuchen Sie nicht, etwas vor dem Auditor zu verbergen. Dieser wird die Dinge wahrscheinlich selbst herausfinden, schließlich geht es darum, dem Unternehmen zu helfen, zu wachsen. Es hilft niemandem, wenn Sie nur die Fassade von Qualitätskontrollen aufrecht erhalten.

Zu viel Planung hingegen kann sich hinderlich auswirken. Wer sich erst kürzlich umfangreichen Vorbereitungsmeetings unterzogen hat, ist bei einem Audit oft am nervösesten. Außerdem sollten sich Unternehmen an ihr Qualitätsmanagementsystem halten, damit sie sich in den Wochen vor einem Audit nicht hetzen müssen. In einer idealen Welt wäre das Audit nur ein weiterer Tag im Büro. Clark erinnerte sich an ein Unternehmen, in dem dies tatsächlich der Fall war. Nur einige wenige Mitarbeiter in Schlüsselpositionen wussten von der Prüfung, und der Rest ging wie gewohnt seiner Arbeit nach. Überraschungsaudits mögen zwar abschreckend wirken, aber sie helfen dem Unternehmen, ohne die Unterbrechung durch die Vorbereitung des Audits auf Kurs zu bleiben.

Experten teilen diese Ansicht: „In einer idealen Welt sollte es keine Vorbereitung geben; das System einer Organisation sollte tagtäglich genutzt werden können", erklärte Sidney Vianna, Direktor der Luft-, Raumfahrt- und Verteidigungsdienste von

DNV Business Assurance. „Es ist wie in der Universität - wenn wir ein Quartal oder ein Semester lang fortlaufend lernen, gibt es keinen Lernmarathon vor den Abschlussprüfungen", erläuterte John A. DiMaria, Product Marketing Manager bei *BSI Group America Inc.*

Viele Unternehmen, so DiMaria, stellen auf ein automatisiertes System um, wenn ihre geschäftlichen Anforderungen komplexer werden, was zu einem reibungslosen Ablauf der Geschäftsprozesse beitragen kann.

7.9 Interne Audits

Interne und externe Audits erfordern unterschiedliche Vorbereitungen. Interne Brand-Audits können als Vorbereitung auf externe Audits angesehen werden - ein Ereignis, bei dem mehr auf dem Spiel steht und bei dem Außenstehende Ihre Geschäftsprozesse bewerten. Sie sollten jedoch nicht nur als Aufwärmtraining für das tatsächliche Auditing betrachtet werden. Interne Audits können eine hervorragende Möglichkeit sein, dass alle Mitarbeiter im selben Team zusammenarbeiten, um ein gemeinsames Ziel zu erreichen. Interne Audits sind ein nützliches Instrument, das in der Branche viel zu wenig genutzt wird. Unternehmen führen interne Audits nur durch, um die gesetzlichen Anforderungen zu erfüllen. Die Unternehmensleitung sollte jedoch erwarten, dass sie bei jeder Prüfung geschäftliche Vorteile und Verbesserungsmöglichkeiten entdeckt. Nur ein winziger Prozentsatz der Unternehmen profitiert von jedem einzelnen Audit.

Wie können Sie also zu den wenigen gehören, die es richtig machen? Sie müssen zuerst das interne Audit festlegen. In meinen Schulungen habe ich immer betont, dass

Kommunikation ein wesentlicher Aspekt eines guten Auditors ist, ob intern oder extern. Kommunikationsfähigkeiten sind entscheidend. Ich wäre ein miserabler Auditor, wenn ich nicht mit den Menschen, mit denen ich zu tun habe, kommunizieren könnte. Anstatt einfach nachsichtig mit seinen Kollegen zu sein, sollte der interne Auditor die Organisation und ihre Kommunikationsfähigkeiten kritisch prüfen. Nachgiebigkeit mag zwar als freundliche Geste erscheinen, aber sie wird dem Unternehmen langfristig nicht helfen, sich zu verbessern, und schon gar nicht, wenn stattdessen der externe Prüfer das Problem entdeckt. Prüfen Sie also Ihre Geschäftsprozesse, um zu sehen, wo Sie sie verbessern können.

Und nicht zuletzt ist die Nachbereitung entscheidend. Achten Sie darauf, dass Sie alle Bedenken bezüglich der Verbesserungsmaßnahmen ansprechen, die das interne Auditing aufwirft. Interne Audits sind das wirksamste Instrument, das dem Management zur Verfügung steht, um die Probleme des Unternehmens anzugehen. Interne Audits dienen als Augen und Ohren des Unternehmens und berichten über aktuelle Geschehnisse. Laut Praveen Gupta, Direktor des *IIT Center for Innovation Science and Applications*, können interne Audits von Vorteil sein, wenn sie richtig durchgeführt werden. Interne Auditoren sollten sich laut Vianna auf die Bereiche des Unternehmens konzentrieren, die den größten Einfluss haben - nur wenige Unternehmen achten darauf. Sie prüfen regelmäßig die gleichen Abteilungen. Möglicherweise sind einige relativ stabile Abteilungen überbesetzt oder die Kundenzufriedenheit ist gering. Ich versuche, diesen Leuten zu vermitteln, wie wichtig es ist, Geschäftsprozesse zu verstehen und wie sie sich auf die Qualität auswirken.

7.10 Missverständnisse

Die meisten Menschen ziehen Gesprächsaudits nicht in Betracht. Laut Merriam-Webster kommt das Wort *Audit* aus dem Lateinischen: „Audits, der Akt des Hörens, von *audire* kommend". Die beteiligten Akteure sollten miteinander kommunizieren und einen Plan ausarbeiten, um ihre Ziele zu erreichen. Es handelt sich nicht um ein Untersuchungsverfahren. Clark zufolge stammt der Begriff *Auditing* aus der Schifffahrt, wo jemand das Schiffsmanifest prüfte, um sicherzustellen, dass alles in Ordnung war. Auch wenn Audits inzwischen auf dem Festland stattfinden, ist das Grundkonzept der Überprüfung dasselbe geblieben. Hält das Unternehmen seine Versprechen ein?

Brand-Audits sind also nichts, wovor man sich fürchten muss, aber Sie sollten sie ernst nehmen. Es kann vorkommen, dass die Leute ihre Ängste vor Audits irgendwann überwinden und sich keine Sorgen mehr darüber machen, aber der Prozess sollte auch nicht auf die leichte Schulter genommen werden.

7.11 Der Hauptgrund für ein Auditing Ihrer Marketingabteilung

Die Qualität und Ausführung Ihrer Marketingstrategie sind entscheidend für den Erfolg Ihres Unternehmens. Ein strukturierter Auditing-Prozess kann für Sie von Vorteil sein, unabhängig von der Größe Ihres Marketingbudgets. Im Folgenden finden Sie zwei Beispiele für Ergebnisse, die ein Auditing erreichen kann.

Die Erfolgsgeschichte eines Marketing-Audits aus der Praxis 1: Durchführung eines Marketing-Audits nach einer Fusion

Es ist von entscheidender Bedeutung, die Stärken und Schwächen jedes Unternehmens zu bewerten, bevor

Marketingteams zusammengelegt werden oder nach einer Fusion Personal eingespart wird. Die Umsetzung von Kampagnen und personellen Veränderungen, die sich direkt aus einem Marketing-Audit ergaben, verkürzten den Verkaufszyklus eines IT-Unternehmens im Gesundheitswesen um drei Monate und erhöhten die Conversion Rates um 80%. Man schlug zudem vor, die Fixkosten zu senken und mehr Mittel für leistungsstarke Kampagnen bereitzustellen.

Erfolgsgeschichte eines Marketing-Audits aus der Praxis 2: Auch Startups brauchen Audits

Da ihre Marketingabteilungen und -budgets klein sind, halten Unternehmen in der Anfangsphase Audits häufig für unnötig. Selbst wenn Sie nur einen Marketingmitarbeiter haben oder mit einer Agentur zusammenarbeiten, kann ein Audit Ihnen helfen. Indem man aufzeigt, wie man die Marketingausgaben auf der Grundlage von Cashflows erhöhen und damit das Risiko verringern kann, lassen sich die Einnahmen eines Unternehmens signifikant steigern.

7.12 Der Rahmen für ein Auditing

Im Folgenden finden Sie einen Handlungsrahmen, mit dem Sie ein Marketing-Audit zu einer wertvollen Maßnahme für Ihr Team machen können. Jedes Thema enthält eine Liste von Fragen, die Ihnen bei der Planung Ihres Audits helfen.

Das Setzen von Zielen

Setzen Sie sich Ziele und messen Sie Ihren Fortschritt regelmäßig daran. Das Akronym POST steht für „Performancemessung, Objektive, Strategien und Taktiken". Marketing befasst sich mit hochrangigen Unternehmenszielen, und Ihr

Führungsteam kennt dank dieser Methode die wichtigsten Leistungsindikatoren für das Marketing.

- Sind Sie sich über die Geschäftsziele des C-High Levels und die Erwartungen des Marketings im Klaren?

- Haben Sie Kennzahlen für Ihre Ziele festgelegt?

- Wie schneiden Ihre Key Performance Indicators im Vergleich zu denen von Spitzenunternehmen und Mitbewerbern ab?

Bewertung des Budgets und des Return on Investment

Viele Marketingabteilungen legen dem Management ein etwas höheres Budget als das des Vorjahres vor, mit einem Polster, um die üblichen Kosteneinsparungen zu berücksichtigen. Es wäre jedoch hilfreich zu prüfen, ob Ihr Geld für die einträglichsten Kampagnen und Maßnahmen ausgegeben wird. Dank Systemen wie Bizible und Engagio ABM Analytics ist die Zuweisung des Return on Investment auf der operativen und der taktischen Ebene müheloser denn je möglich.

- Welche Faktoren berücksichtigen Sie bei der Festlegung Ihres Marketingbudgets?

- Setzen Sie einen bestimmten Betrag für Marketingkampagnen ein? Ist es notwendig, Ihr Modell zu überprüfen, wenn dies der Fall ist?

- Ist es möglich, bestimmte Programme abzuschaffen, ohne die Performancekennzahlen zu gefährden?

Die Beurteilung der Ressourcen

Wenn Unternehmen expandieren, versuchen sie häufig, immer mehr Aufgaben auf die immer gleichen Mitarbeiter zu verteilen. Es ist wichtig, die Zufriedenheit, die Einsatzbereitschaft und das Qualifikationsniveau Ihres Teams mindestens einmal im Jahr zu überprüfen.

- Ist Ihr Marketingteam mit Begeisterung für Ihr Unternehmen und seine Ziele dabei?

- Befinden sich die richtigen Mitarbeiter in Positionen, in denen sie qualitativ hochwertige Arbeit leisten und gleichzeitig lernen und wachsen können?

- Müssen Sie Ihr Marketingteam erweitern oder verkleinern?

- Ist es notwendig, die Hilfe einer externen Marketingagentur in Anspruch zu nehmen?

Die Erzeugung von Nachfrage (Inbound/Outbound)

Es ist verlockend, Ihre Inbound-Maßnahmen wie SEO und Funnel Nurturing zu verbannen, wenn bessere Outbound-Kanäle auftauchen. Dennoch sollten Sie nicht von einem Extrem ins Andere fallen:

- Sie sind immer noch (höchstwahrscheinlich) Ihre zuverlässigste Quelle für qualifizierte Leads!

- Ist das Verhältnis zwischen Inbound- und Outbound-Programmen in Ihrem Unternehmen ausgewogen?

- Auf welchen Teil des Sales Funnels sind die Kampagnen ausgerichtet? Legen Sie beispielsweise zu viel Wert auf das

Lead-Volumen am oberen Ende des Funnels, während das eigentliche Augenmerk auf der Konvertierung verkaufsqualifizierter Leads liegt?

- Wie schneiden Ihre Zahlen im Vergleich zu Branchen-Benchmarks und den besten Marketingfirmen ab? Ist das Marketing zum Beispiel für mindestens 35% aller Conversions verantwortlich?

Auditing des Content-Marketings

Da Inbound-Marketing eine wesentliche Rolle für den Erfolg des Marketings spielt, ist die Bewertung Ihres Content-Portfolios zur Unterstützung dieser Bemühungen entscheidend.

- Welche Arten von Inhalten oder einzelne Beiträge haben die meiste Aufmerksamkeit auf sich gezogen?

- Sind Sie ausreichend vorbereitet, um aktuelle und zukünftige Marketingprogramme und -abläufe mit genügend Inhalten zu unterstützen?

- Sind Ihre Inhalte von hoher oder niedriger Qualität? Bitten Sie Ihre Kunden um Feedback und führen Sie eine ehrliche interne Bewertung durch.

Prozesse für Lead-Management, Sales-Integration und Sales-Enablement

Denken Sie bei der Bewertung Ihrer Marketingabteilung daran, wie wichtig die Zusammenarbeit zwischen Vertrieb und Marketing ist. Da B2B-Marketing-Prozesse - wie beispielsweise das Account-basierte Marketing (ABM) - immer mehr an

Bedeutung gewinnen, benötigen die beiden Abteilungen offene, metrikgesteuerte Kommunikationskanäle.

- Müssen Sie Ihre aktuellen Funnel Definitions und Metriken überarbeiten?

- Was können Vertrieb und Marketing tun, um die Lead-Conversion im Team zu steigern?

- Gibt es Leads, die während des Verkaufszyklus zurückfallen?

- Kann das Marketing dem Vertriebsteam mit besseren Materialien oder Prozessen zur Unterstützung des Vertriebs helfen? Wie sieht es mit Untersuchungen von Kunden und Mitbewerbern aus?

- Was kann getan werden, um die Verkaufszyklen zu halbieren?

Beurteilung von Social Media und PR

Soziale Medien und PR gehen Hand in Hand, da sie beide Aufmerksamkeit erregen und zur Interaktion einladen. Wie lassen sich soziale Medien und Öffentlichkeitsarbeit am besten miteinander verbinden? Welchem Kanal sollten Sie je nach Ihren Verkaufs- und Geschäftszielen den Vorrang geben?

- Machen Sie das Beste aus jeder Social Media-Plattform? Wenn nicht, sollten Sie sich, anstatt Ihre Bemühungen auf drei bis fünf Kanäle zu verteilen, stattdessen auf einen Kanal konzentrieren, auf dem sich die meisten Ihrer Kunden aufhalten.

- Haben Sie Ihre Kontaktliste für PR-Medien in den letzten sechs Monaten aktualisiert?

Technology-Stack und der Zustand Ihrer Datenbank

Die Zeiten, in denen sich Marketingabteilungen nicht um Daten, Analysen oder Toolkits kümmerten, sind vorbei. Allerdings kaufen Marketingteams oft ein Tool und nutzen nur einen kleinen Teil seiner Funktionen.

- Welche Softwarekonfiguration ist die beste für Ihr Unternehmen?

- Gibt es Tools, die Sie besitzen oder abonniert haben, die Sie aber nicht nutzen? Worauf können Sie verzichten, um die Leistungsfähigkeit Ihrer Arbeitsabläufe zu verbessern?

- Wann haben Sie das letzte Mal Ihre Datenbanken für Vertrieb und Marketing bereinigt? Haben Sie Kontakte, die sich seit einer bestimmten Zeit nicht mehr gemeldet haben, für Kampagnen zurückgestellt?

- Welcher Prozentsatz Ihrer Datenbank entspricht den Kunden-Personas, nach denen Sie suchen?

- Wenn ja, entspricht Ihre Datenbank den ABM-Unternehmenszielen?

Der Umgang mit Widerständen und Einwänden

Als Marketingleiter werden Sie möglicherweise auf den Widerstand der Unternehmensleitung, des Vertriebs und sogar des Marketingpersonals stoßen. Zeigen Sie den Stakeholdern klare Tatsachen, wie beispielsweise Kennzahlen zur Funnel Conversion, die zweifelsfrei aus einem Marketingprogramm hervorgehen auf.

7.13 Fazit

Audits sind nichts, wovor man Angst haben muss. Vielmehr können sie einem Unternehmen helfen, sich zu verbessern, wenn sie richtig durchgeführt werden. Der oben beschriebene Auditing-Prozess stellt sicher, dass die Marketingmaßnahmen eines Unternehmens übersichtlich bleiben. Obwohl die Einrichtung des Prozesses und der Vorlagen beim ersten Mal zeitaufwändig sein kann, sollten Sie je nach Größe Ihres Unternehmens in der Lage sein, nachfolgende Audits in ein bis drei Wochen abzuschließen.

BUSINESS ACTIVITIES
Innovation
Engagement
Lead Qualification
Lead Generation
Brand Awareness
Sales Operation
Customer Services
Supply Chain Management

8

WAS STAKEHOLDER AM MEISTEN FÜRCHTEN

Im Jahr 2009 wurde ich als Brand-Auditor nach China entsandt. Ich sollte eruieren, wie die wichtigsten Stakeholder eine bestimmte Marke wahrnehmen.

Stakeholder in China sind: Kunden, Mitarbeiter, staatliche Stellen und Funktionäre, das örtliche Management und - wie es in China oft üblich - die örtlichen Kooperationspartner.

Mein Klient war Zumtobel, die führende Beleuchtungsmarke in Europa und eine der bedeutendsten Beleuchtungsmarken weltweit.

Wie konnte ich als Brand-Auditor meinen Auftrag durchführen?

Ich hatte einen Fahrer, einen Dolmetscher, und Termine, um die Interviews persönlich durchzuführen. Diese Art der Interviews – ca 1,5-2 Stunden pro Interview mit strukturierten und offenen Fragen war für die Interviewpartner völlig neu, und ich konnte spüren, dass sie sowohl Angst als auch Misstrauen empfanden. Da ich von der Zentrale - der obersten Führungsebene - gesandt wurde, wussten sie nicht so recht, was vor sich ging.

Meine Aufgabe war es, sie zu ermutigen, mir mitzuteilen, wie sie die Beziehung zu dieser Marke empfanden. Neben den Hard-Facts ging es mir vor allem und die Soft-Facts, durch die sich eine emotionale Präferenz und eine Empfehlungsbereitschaft ableiten läßt.

Etwa fünf Wochen verbrachte ich in China und traf mich mit vielen Stakeholdern des Unternehmens. Als sie verstanden, dass ich kein Spion war öffneten sie sich. Ich kam als Fremder und ging als Freund und wurde im Anschluß an das Interview auch oft noch fürstlich bewirtet. Das durfte ich für ein anderes Unternehmen in China noch einmal wiederholen und ich war beeindruckt von der Offenheit, Professionalität und Freundlichkeit.

Sehr interessant war auch, dass führende Funktionäre der chinesischen Regierung sehr an Branding und Brand-Auditing interessiert waren. Der staatliche Leiter der Sparte Beleuchtungstechnologien in Shanghai fragte mich, ob ich dabei helfen könnte, chinesische Beleuchtungsmarken aufzubauen, die auf den Weltmärkten konkurrenzfähig sind.

Er sagte mir, es wäre doch großartig, eine Branding-Akademie in Shanghai aufzubauen und Branding und Brand-Auditing zu unterrichten. Ich stellte fest, dass die Chinesen, die ich kennenlernte, hart arbeiteten und immer bereit waren, zu lernen und sich anzupassen. Mit großem Respekt vor dieser ältesten Kultur der Menschheit und ihren fähigen und sehr gut ausgebildeten Menschen verließ ich China. Ich setzte meine Weltreise zum nächsten Ziel fort: Singapur - das Zentrum der südostasiatischen Geschäftswelt.

8.1 Die Bedeutung von Zuversicht und Vertrauen: Die Perspektiven von Stakeholdern

Die Frage, wie Vertrauen und Zuversicht gestärkt werden können, war in den zahlreichen Diskussionen, die ich an verschiedenen Orten in China mit wichtigen Stakeholdern wie Investoren, Vorsitzenden von Prüfungsausschüssen, Aufsichtsbehörden und Partnern führte , immer wieder Thema. Einer der zentralen Schwerpunkte war zwar die Gewinnung des Vertrauens für den Auditing-Prozess selbst. Nachdem dieser Punkt positiv abgehakt war, wurde immer wieder betont, wie sehr es begrüßt wird, dass sich ein Unternehmen so intensiv mit dem Meinungsbild seiner Stakeholder beschäftigt. **Der Auditing-Prozess wurde als Meilenstein und als besondere vertrauensbildende Maßnahme positiv erlebt**.

Das Feedback war überwältigend positiv und hatte Auswirkungen auf alle beteiligten Parteien und führte häufig zu einer intensiveren, vertrauensvollen Zusammenarbeit. Dieser „Bonus" eines Auditings war unabhängig davon, ob das Interview in Europa, Asien oder Nord- und Südamerika stattfand.

8.2 Qualität und Unabhängigkeit

Die Qualität des Auditings ist in diesem Zusammenhang offensichtlich entscheidend. Allerdings waren sich alle einig, dass die Bewertung von Qualität schwierig ist. Mehrere Diskussionsteilnehmer erklärten, dass es nicht einfach sei, Qualität im Detail zu bestimmen, obwohl einige die jährlichen Reviews in dieser Hinsicht als hilfreich empfanden. Auch die Unabhängigkeit des Auditors ist entscheidend. Nicht die Unabhängigkeit im eigentlichen Sinne ist das Wichtigste, sondern vielmehr die unabhängige Geisteshaltung, die mit Objektivität einhergeht. Skepsis wurde als wertvolle

Eigenschaft angesehen. Unabhängigkeit und Skepsis sind für das Auditing unerlässlich, um das Vertrauen der Stakeholder des Kapitalmarktes zu erhalten und auszubauen.

8.4 Schlüsselfaktoren zur Steigerung der Performance

Als Unternehmer haben Sie wahrscheinlich schon oft den Begriff Branding gehört. Sie wissen, wie wichtig das Branding eines Unternehmens ist, aber was genau ist das? Das Branding eines Unternehmens ist nicht immer so einfach, wie wir es uns wünschen würden. Es gibt Tausende von Variablen zu berücksichtigen, die alle zusammenwirken müssen, um ein einheitliches Bild zu erzeugen. Im Folgenden finden Sie die wichtigsten Faktoren, die das Brand-Auditing Ihres Unternehmens beeinflussen.

1. Eine unverwechselbare Identität der Marke

Die Identität Ihrer Marke ist das erste übergreifende Thema, mit dem Sie sich befassen müssen. Wie lautet Ihr Name? Welches Image, welche Ziele und welche Wertvorstellungen projizieren Sie auf Ihr Publikum?

Dies sind verschiedene Faktoren, die bei der Entwicklung Ihrer eigenen Persönlichkeit eine Rolle spielen, wenn Sie lernen, wie Sie Ihr Unternehmen branden können.

A. Name

Ein Name hat Macht, so sagt man. Je kreativer und ausdrucksstärker Ihr Name ist, desto stärker wird sich Ihr Unternehmen von der Masse abheben. Ihr kleines Unternehmen sollte einen Namen haben, der die grundlegenden Werte des Unternehmens zum Ausdruck bringt. Berücksichtigen Sie die Gründer Ihres Unternehmens, den Standort und die Begriffe, die am meisten mit Ihrer Branche assoziiert werden. Vermeiden Sie es, jemanden nachzuahmen; stellen Sie sicher, dass sich Ihr Markenname von denen Ihrer Mitbewerber unterscheidet.

B. Logo

Wenn Sie die Namen „Facebook" und „Pepsi" hören, kommen Ihnen sofort deren Logos in den Sinn. Der visuelle Ausdruck Ihres Markenimages ist Ihr Logo. Die konsequente Verwendung eines soliden Logos verleiht Ihrem Unternehmen eine erkennbare Präsenz.

Achten Sie bei der Erstellung Ihres Logos darauf, dass Sie es lange Zeit verwenden können. Es sollte ansprechend, anpassbar und leicht zu erkennen sein. Es wird Ihnen schwer fallen, eine unverwechselbare Marke mit hohem Wiedererkennungswert aufzubauen, wenn das Logo schwer zu erfassen, schwer zu verändern oder schlicht missverständlich ist.

C. Tagline

Die Tagline wird oft auch als Slogan Ihrer Marke bezeichnet. Was haben die einprägsamsten und treffendsten Taglines gemeinsam? Zumindest sind die meisten von ihnen schlicht und direkt. Es gibt nicht viele merkfähige Slogans, die mehr als vier oder fünf Wörter umfassen.

Gleichzeitig muss Ihr Slogan einzigartig sein und einen wesentlichen Teil dessen abdecken, was Ihr Unternehmen auszeichnet. Hängen Sie nicht einfach etwas Banales unter Ihren Namen und schon ist es gut - Ihr Slogan ist genauso wichtig wie Ihr Logo.

Auch wenn ein Slogan nur ein paar Worte lang ist, erfordert es viel Brainstorming, Zeit und Tests, um die richtige Wortfolge für Ihr Unternehmen zu finden.

D. Farbschema

Wenn Sie etwas von Kunst oder Design verstehen, wissen Sie, dass verschiedene Farben unterschiedliche Bedeutungen haben. Sie wissen auch, dass jede Farbe viele unterschiedliche Varianten hat. Rot bedeutet von Hersteller zu Hersteller zum Beispiel nicht immer dasselbe.

Stellen Sie sicher, dass die entscheidenden Farben Ihrer Marke hervorstechen und mit dem Image Ihres Unternehmens übereinstimmen. Die Farben Ihrer Marke sollten auf allen Plattformen, in der Werbung und in der Kommunikation einheitlich sein.

Wie Sie sehen können, besteht die Identität Ihrer Marke aus mehreren Komponenten. Gleichzeitig müssen alle Teile Ihres Brandings zusammenwirken, um ein wiedererkennbares und stimmiges Bild zu ergeben, von Ihrem Logo bis zu Ihrer Farbpalette.

2. Schaffen Sie eine Persönlichkeit für Ihre Marke.

Ein weiterer meiner wichtigsten Branding-Tipps für Unternehmen besteht darin, sich auf Ihre Persönlichkeit zu konzentrieren und nicht nur auf das Erscheinungsbild Ihres Unternehmens. Wodurch unterscheidet sich die Persönlichkeit einer Marke von ihrem Image? Jedes Unternehmen hat seine eigene, einzigartige Persönlichkeit. Einige vermitteln anspruchsvolles Fachwissen, während andere eine jugendliche Energie ausstrahlen. Sie müssen sich schon ein wenig auf Selbstfindung begeben, um herauszufinden, was Ihr Branding ausmacht. Das ist nicht immer einfach, aber für die Entwicklung einer unverwechselbaren Brand-Identity unerlässlich.

Im Folgenden finden Sie einige Fragen, die Sie berücksichtigen sollten, wenn Sie der Sache auf den Grund gehen wollen:

- Was ist die übergeordnete Zielsetzung unseres Unternehmens?
- Was sind die wesentlichen Begriffe und Ziele für unser Unternehmen?
- Welche Eigenschaften oder Beschreibungen sind für unser Unternehmen oder unsere Produkte angemessen?
- Wenn unsere Marke eine Person wäre, wie würde sie aussehen und klingen?

Die Untersuchung der Persönlichkeiten Ihres Zielpublikums gehört ebenfalls zu den von uns empfohlenen Strategien für das Branding. Wenn Sie deren Vorlieben und Abneigungen sowie deren Motivationen und Kommunikationsstile verstehen, können Sie eine viel stärkere Markenpersönlichkeit schaffen. Schließlich sollten die Merkmale Ihrer Marke zu Ihren Zielkunden passen. Andernfalls werden Sie es schwer haben, die richtigen Zielgruppen zu erreichen.

3. Nutzergenerierte Inhalte

Das Zusammentragen kostenloser Inhalte von Ihren Fans und Käufern ist die beste Methode zur Vermarktung Ihres Unternehmens. Sie haben sicher schon gesehen, wie große und kleine Unternehmen Instagram-Fotos, Facebook-Posts und Kundenrezensionen mit anderen teilen. Auf diese Weise können Sie die Bekanntheit Ihrer Marke schnell und auf natürliche Weise steigern.

Von Nutzern erstelltes Material stellt Ihr Unternehmen als vertrauenswürdig, echt und bei normalen Menschen beliebt dar. Teilen Sie einen solchen Artikel in Ihren eigenen sozialen

Netzwerken und auf Ihrer Website, um seine Wirkung zu maximieren. Das Teilen dieses Materials führt nicht nur zu zusätzlichen Nutzern, sondern gibt auch Ihren derzeitigen Followern das Gefühl, etwas Besonderes zu sein, da sie für einen kurzen Moment ins Rampenlicht treten.

4. Ansprechender Content

Inhalte sind ein wesentliches Element dessen, was ein Unternehmen erfolgreich macht. „Content is King", sagt man so schön, und ich kann dem nur zustimmen.

Heutzutage erwarten Verbraucher Content. Die Erstellung dessen ist eine wunderbare Methode, um Ihr Unternehmen als führende Größe in der Branche zu etablieren. Wenn Sie Ihre Inhalte schreiben, verfilmen, verbreiten und vermarkten, denken Sie daran, dass das wirkungsvollste Material hochgradig aussagekräftig und ansprechend sein sollte. Sie sollten Inhalte erstellen, die prägnante Botschaften an Ihre Kunden aussenden und sie zum Handeln motivieren.

Ein Großteil der Inhalte im Internet ist einfach nur überladen. Lassen Sie nicht zu, dass überflüssige Informationen von Ihrer Markenbotschaft ablenken - konzentrieren Sie sich stattdessen auf das Wesentliche.

5. Social-Listening

Das Verfolgen Ihrer Social Media-Plattformen und die Suche nach Nennungen und Unterhaltungen, die widerspiegeln, was Ihre Kunden denken, wird als Social Listening bezeichnet. So können Sie ein tieferes Verständnis für Ihr Publikum und die Wahrnehmung Ihrer Marke entwickeln. In den meisten Fällen beinhaltet Social Listening Folgendes:

- Verfolgen aller Erwähnungen, einschließlich derer von Mitbewerbern, Accounts in sozialen Medien, Keywords und vielem mehr.
- Reagieren auf Kundenfeedback (sowohl positives als auch negatives) und das Auswerten desselben.

Vergessen Sie nicht, dass es beim Social-Listening nicht darum geht, wie oft Ihre Marke in den sozialen Medien erwähnt wird - das ist Social-Monitoring. Es geht darum, die Gedanken, Gefühle und Einstellungen Ihrer Kunden zu erfassen. Auf diese Weise können Sie Ihr Branding so gestalten, dass es ein breiteres Kundenspektrum anspricht. Außerdem können Sie Ihr Image korrigieren, wenn eine Nachricht nicht gut ankommt, oder Fehler ausmerzen, an denen sich die Menschen stören.

6. Stellen Sie Ihr Fachwissen heraus

Die Darstellung Ihres Fachwissens und die Stärkung Ihrer Fachkompetenz ist die sechste Strategie, um zu erfahren, wie Sie Ihr Unternehmen vermarkten können. Sie möchten Ihr Unternehmen als kompetente Instanz etablieren. Unabhängig davon, ob Sie materielle Güter oder immaterielle Dienstleistungen verkaufen, müssen Ihre Kunden wissen, dass Sie ein Experte auf Ihrem Gebiet und die beste Wahl für diese Aufgabe sind.

Wie können Sie Markenwissen aufbauen? Nutzen Sie die unten aufgeführten Strategien.

A. Blogs

Man wird den Blog Ihres Unternehmens lesen, sofern Sie einen haben. Die Leute wollen wissen, warum sie Ihrer Marke und Ihren Produkten/Dienstleistungen vertrauen sollten, und ein Blog ermöglicht dies auf einfache Weise.

Verfassen Sie regelmäßig Blogbeiträge, die die Fachkompetenz Ihrer Marke unter Beweis stellen. Achten Sie auf einen einheitlichen Ton und bauen Sie eine Library rund um die wichtigsten Keywords Ihrer Marke auf. Ziel ist es, ein Informationszentrum zu schaffen, an das sich Menschen wenden können, wenn sie verlässliche Ratschläge, Informationen und Anleitungen benötigen.

B. Beiträge in sozialen Medien

Wie Sie vielleicht wissen, sind die sozialen Medien für jedes Unternehmen, das gegenwärtig expandieren möchte, von entscheidender Bedeutung. Nutzen Sie Facebook, Twitter, Instagram und andere Social Media-Websites, um für Ihre Kompetenzen zu werben.

Denken Sie daran, dass Ihre Marketingaktivitäten in den sozialen Medien dazu dienen, Ihr Unternehmen als seriöses und vertrauenswürdiges Unternehmen zu etablieren und nicht nur zu unterhalten. Verknüpfen Sie alle Ihre Social Media-Seiten und teilen Sie regelmäßig einschlägiges Material, um für Ihr Unternehmen zu werben.

C. Videos

Haben Sie jemals ein Video für Ihr Unternehmen erstellt? Es ist an der Zeit, auf den Zug aufzuspringen, denn Videos werden immer häufiger genutzt und es besteht keine Aussicht darauf, dass sich dieser Trend abschwächt.

Überlegen Sie sich, ob Sie ein YouTube-Konto eröffnen oder Videos auf Ihren Social Media-Websites veröffentlichen wollen. So können Sie aktuelle Botschaften und lebendig wirkenden Content in einem neuen Licht präsentieren.

Organisieren Sie Video-Interviews. Erstellen Sie Tutorials. Beantworten Sie in einem Live-Q&A Fragen. Videos bieten eine Vielzahl von Möglichkeiten, um die Glaubwürdigkeit Ihrer Marke zu erhöhen - Sie müssen sie nur nutzen.

D. Podcasts

Podcasts sind heute Teil eines florierenden Wirtschaftszweigs, auch wenn es sie vor einem Jahrzehnt noch gar nicht gab. Sie können Verbraucher erreichen, wenn sie im Auto sitzen, mit Kopfhörern joggen oder während eines Fluges abschalten wollen.

Podcasts werden häufig für ihren Bildungsgehalt gelobt. Sie können die Glaubwürdigkeit Ihrer Marke erhöhen, indem Sie eine fundierte Diskussionsrunde aufnehmen, die man sich anhören kann.

Überlegen Sie, ob Sie Ihren Podcast mit Ihren führenden Mitarbeitern gestalten und auch andere Experten aus der Branche in das Gespräch einladen wollen. Eindrucksvolle Gäste und ansprechende Themen werden die Wahrnehmung Ihres Fachwissens durch Ihre Follower nur positiv beeinflussen.

7. Einheitlichkeit

Durch einheitliches Branding schaffen Sie Brand Value, das heißt den Wert der Produkte/Dienstleistungen Ihres Unternehmens, so dass Sie mehr verlangen können, nur weil Sie der Urheber waren. Für viele Verbraucher ist es beispielsweise wesentlich verlockender, eine Handy von Apple zu kaufen als irgendein anderes Smartphone. Aufgrund des enormen Markenwerts kann Apple deutlich mehr für seine Produkte verlangen als ein gewöhnlicher Hersteller. Wenn Sie wollen, dass Ihre Kunden für Ihre Produkte bezahlen und Ihre Marke gegenüber anderen bevorzugen, ist Einheitlichkeit unerlässlich.

8.5 Fazit

Ein weiterer wichtiger Punkt ist, dass das Audit Committee und die Investoren besser zusammenarbeiten müssen. Einige Vorsitzende von Audit Committees merkten an, dass es zwar mehr schriftliche Kommunikation zwischen den Committees und den Investoren gibt, dass sie aber gerne mehr Feedback von den Investoren zu den von ihnen bereitgestellten Informationen hätten, um festzustellen, ob sie ihren Zweck tatsächlich erfüllen.

Anleger legen Wert darauf, dass Audit Committees und Unternehmensleitungen ihnen alle erforderlichen Informationen zur Verfügung stellen, wie etwa eine bessere Darstellung der langfristigen Wertschöpfung, einschließlich nicht-finanzieller Informationen und Strategien. Einige Anleger sind der Meinung, dass Unternehmen immer noch zögern, bestimmte Informationen offen zu legen, aus Angst, einen Wettbewerbsvorteil zu verlieren oder in einigen Fällen aufgrund rechtlicher Bedenken. Vielfach wird versucht, so wenig wie möglich preiszugeben, selbst wenn die Anleger der Meinung sind, dass neben den Finanzdaten eine vollständige und transparente Kommunikation erforderlich ist.

Um das Vertrauen aufrechtzuerhalten, muss eine ganze Reihe von Problemen an allen Fronten angegangen werden. Das übergreifende Ziel ist es, das Engagement und die Kommunikation zu verbessern. Schließlich wird ein besseres Verständnis zwischen allen Beteiligten zu einem höheren Maß an Vertrauen führen.

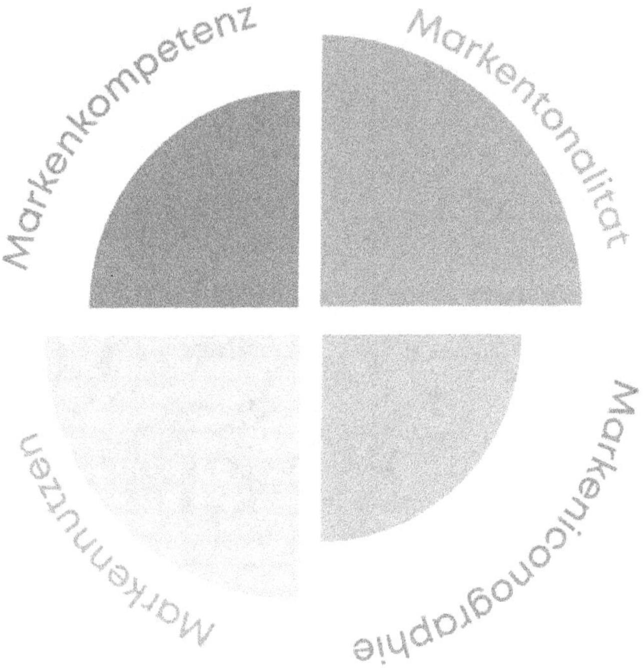

MarkenArchitekten . BrandArchitects

My-mindguide.com

9

WIE SIE EINEN GUTEN BRAND-AUDITOR FINDEN

Auch Auditoren sind Menschen, folglich sind sie einzigartige Persönlichkeiten, die auch ihre Fehler haben. Die Menschheit hat aus dieser Erkenntnis heraus die Vorstellungen von Gut und Böse entwickelt. Einige sind gesetzlich verankert, während andere subjektiv sind und viele Abstufungen von perfekt und ausgezeichnet bis hin zu abgrundtief schlecht beinhalten. Viele Analysen, wie zum Beispiel Yin und Yang, sehen darin die Dualität der Natur, weil sie nebeneinander existieren und sich gegenseitig beeinflussen.

9.1 Der optimale Brand-Auditor

Die Auswahl des besten Auditors ist eine wichtige Entscheidung. Jahr für Jahr werden Sie mit Ihren externen Auditoren zusammenarbeiten, und deren Ratschläge werden wahrscheinlich für den Erfolg Ihres Unternehmens entscheidend sein. Wie wählen Sie den besten Auditor für diese Aufgabe aus? Ein externes Auditing sollte viel mehr bieten als nur die Einhaltung von Vorschriften. Es muss die richtige Mischung aus Qualifikationen, Erfahrung, Technologien und Herangehensweise gewährleistet sein, um einen echten

Mehrwert für Ihr Unternehmen zu schaffen. Nachstehend finden Sie einige Fähigkeiten, auf die Sie achten sollten.

1. Qualifikationen

Wenn Sie ein Auditing durchführen, um die Anforderungen einer externen Aufsichtsbehörde zu erfüllen, muss der leitende Partner die Anforderungen einhalten.

2. Erfahrung in der Branche

Die Beständigkeit der Mitarbeiter, die am Auditing Ihres Unternehmens arbeiten, führt dazu, dass das Audit Jahr für Jahr erfolgreicher wird. Wenn Ihr Auditor bereits in Ihrer Branche gearbeitet hat, führt dies in der Regel zu einer wirksameren Prüfung mit weniger allgemeinen Fragen. Außerdem können dadurch relevantere Zusatzleistungen erbracht und die Ergebnisse in umsetzbare Schritte für Ihr Unternehmen umgesetzt werden.

3. Einsatz von Technologien

Sie verpassen wichtige Einblicke in Ihr Unternehmen, wenn Ihr Auditor keine Technologien und Datenanalysen einsetzt, um das Audit durchzuführen. Mit Technologie können umfangreiche Datensätze in großen Unternehmen schnell verarbeitet werden, so dass die Auditoren ihre Ergebnisse bewerten, die Daten interpretieren und sich auf die geschäftlichen Auswirkungen konzentrieren können. Das bedeutet, dass Sie mehr vorausschauende Ratschläge und Maßnahmen erhalten, die Ihnen helfen, Ihre Geschäftsabläufe in Zukunft zu verbessern.

4. Verfahren zur Qualitätssicherung

Jeder Brand-Auditor, den Sie beauftragen, sollte in der Lage sein, Ihnen zu zeigen, wie er die Qualität seiner professionellen

Dienstleistungen sicherstellt. Gibt es beispielsweise regelmäßige Peer-Review-Verfahren? Werden den Audit-Partnern und Mitarbeitern regelmäßig technische Schulungen und Weiterbildungsmaßnahmen angeboten, sowohl intern als auch extern?

5. Angemessenes Honorar

Das Honorar ist häufig ein entscheidender Faktor bei der Auswahl eines Auditors. Die zuständige Aufsichtsbehörde hat jedoch betont, dass Geschäftsführer unbedingt darauf achten müssen, dass die Gebühren für das Audit angemessen sind und die Qualität des Audits nicht gefährden. Sie bekommen genau das, wofür Sie bezahlen.

6. Laufende Unterstützung für Entscheidungsfindung und Wachstum

Für eine agile Entscheidungsfindung werden häufig Daten in Echtzeit benötigt. Ihr Auditor kann Ihnen in dieser Hinsicht helfen. Ein guter Auditor ist auch ein Unternehmensberater, der das ganze Jahr über mit Ihnen in Kontakt bleibt, um Sie auf wichtige Fragen zu Ihrem Unternehmen hinzuweisen. Auditing-Unternehmen, die Teil eines globalen professionellen Netzwerks sind, können auch hilfreich sein, falls Sie beschließen, Ihr Geschäft international auszuweiten.

9.2 Was macht einen guten Brand-Auditor aus?

1. Allgemeine Erfahrung

Da Sie das Beste für Ihr Unternehmen wollen, brauchen Sie einen Auditor mit viel Erfahrung in der Branche. Idealerweise engagieren Sie das beste Team, das bei Bedarf Audits durchführt.

Das Letzte, was Sie wollen, ist, dass das Team Sie mit Fragen bombardiert. Ein professioneller und erfahrener Auditor wird den Prozess zielgerichtet durchführen.

2. Der Einsatz von Technologien

Die besten Einblicke in die Leistung Ihres Unternehmens erhalten Sie durch die Analyse von Daten und verbesserte Technologien. Technologien erleichtern den Auditoren die Arbeit, weil sie nicht so viel Zeit für die Auswertung der Ergebnisse aufwenden müssen. In nur wenigen Minuten können die Daten mit Hilfe von Technologien ausgewertet und interpretiert werden. Außerdem erhalten Sie präzise Ergebnisse und können den größten Teil Ihrer Zeit für Initiativen zur Verbesserung des Unternehmens aufwenden.

3. Qualität der Dienstleistungen

Kein Unternehmen kann es sich leisten, Fehler zu machen, denn es geht um Geld, und schon ein kleiner Fehler kann dazu führen, dass das Unternehmen Geld verliert. Deshalb sollten Sie sich vor der Beauftragung eines Wirtschaftsprüfers fragen: „Wie kann ich sicherstellen, dass am Ende die Qualität gewährleistet ist?" Es gibt mehrere Möglichkeiten, um sicherzustellen, dass Sie qualitativ hochwertige Dienstleistungen von den besten Auditoren erhalten. Sie können beispielsweise die Arbeitsabläufe überprüfen, um sicherzustellen, dass alles in Ordnung ist.

4. Das Ansehen des Auditors

Eine weitere Möglichkeit, den besten Auditor für Ihr Unternehmen zu finden, besteht darin, sich dessen bisherige Arbeit anzusehen und die Marken in Augenschein zu nehmen, mit denen er bereits zusammengearbeitet hat. Achten Sie vor allem darauf, was andere Unternehmen über deren Dienstleistungen sagen. Sie können sicher sein, dass das Audit-Team ausgezeichnete Leistungen erbringt, wenn mehrere Unternehmen es empfehlen.

5. Persönliche Beziehungen

Als Unternehmer müssen Sie mit verschiedenen Experten in Beziehung stehen, die Ihnen auf die eine oder andere Weise beim Austausch von Ideen helfen können. Wenn es darum geht, die besten Auditoren für Ihr Unternehmen zu finden, sollten Sie den gleichen Ansatz wählen. Beurteilen Sie die Anforderungen Ihres Unternehmens, und Sie sind in der Lage, die Art von Auditor zu bestimmen, die Sie benötigen. Er muss in der Lage sein, erfolgreich zu kommunizieren und, was am wichtigsten ist, sich in die Kultur Ihres Unternehmens einzufügen.

9.3 Aspekte, die Sie bei der Auswahl eines Auditors berücksichtigen sollten

Es handelt sich um eine sehr persönliche Beziehung. In vielerlei Hinsicht ist die Auswahl des besten Auditors, mit dem Sie zusammenarbeiten, mit der Wahl des idealen Lebenspartners vergleichbar. Zunächst sollten Sie prüfen, ob der Auditor über mindestens zehn Jahre Erfahrung mit verschiedenen Marken auf der ganzen Welt verfügt. Achten Sie außerdem auf das praktische Wissen des Auditors und nicht nur auf den theoretischen Hintergrund, wie man Marken führt und managt. Fragen Sie sich, ob dieser Auditor ein kreativer und ein unternehmerisch denkender Mensch ist. Wenn Sie die richtige Wahl treffen, können Sie eine Beziehung aufbauen, die ein Leben lang hält - eine Beziehung, die für beide Seiten nützlich und sinnvoll ist. Eine schlechte Entscheidung könnte katastrophale Folgen haben, mit langfristigen finanziellen Auswirkungen.

Bevor Sie einen Auditor für Ihr Unternehmen beauftragen, erliegen Sie vielleicht einigen Bedenken, wie beispielsweise das fehlende Vertrauen in die Gewissheit, dass er in der Lage ist, das Audit innerhalb des Zeitrahmens und der von Ihnen gewünschten Fristen durchzuführen. Sie müssen darauf vertrauen können, dass der Auditor Ihr Unternehmen und Ihre Branche genau kennt. Auditing ist keine Einbahnstraße - das Management muss mitarbeiten und darauf achten, dass die besten Ergebnisse erzielt werden.

Aufgrund der Einheitlichkeit, die ein Brand-Auditor in der Außensicht des Unternehmens wahren sollte, sollten Sie vor der Auswahl sorgfältig abwägen. Vergessen Sie nicht, dass manche Entscheidungen Sie täuschen und mögliche Kunden vergraulen können. Es gibt keine Zauberformel, die sicherstellt, dass Ihre Entscheidung perfekt ist, aber die drei folgenden Aspekte sind ein guter Ansatzpunkt. Bei der Auswahl eines Auditors sollten Sie drei Dinge beachten.

1. Menschen

Es ist wichtig, sich mit den Personen zu treffen, die für die Durchführung eines Brand-Auditings für Ihr Unternehmen zuständig sind. Überlegen Sie, wie ihre Fähigkeiten im Brand-Auditing Ihr Unternehmen verbessern werden. Ein idealer Auditor wird Ihre bestehende Struktur eher verbessern als beeinträchtigen. Handelt es sich um Personen, bei denen Sie sich wohlfühlen? Vertrauen Sie ihnen? Suchen Sie weiter, wenn die Antwort nein lautet. Wenn Sie sich dafür entscheiden, ein großes Brand-Auditing-Unternehmen mit der Durchführung zu beauftragen, stellen Sie sicher, dass Sie sich nicht wie einer von vielen vorkommen. Es ist entscheidend, dass Sie individuelle Aufmerksamkeit erhalten.

2. Offene und ehrliche Kommunikation

Qualitätssicherung ist von entscheidender Bedeutung, und Sie müssen immer alle notwendigen Informationen zur Hand haben. Fallsdie Brand-Auditors, mit denen Sie gesprochen haben, nicht ehrlich darüber Auskunft geben, was Sie erwarten können (und wann Sie es erwarten können), setzen Sie Ihre Gespräche mit anderen Firmen fort, bis Sie die Antworten erhalten, die Sie brauchen.

3. Erfahrung in der Branche

Stellen die Auditoren Fragen, die zeigen, dass sie Ihr Unternehmen gut kennen? Oder haben Sie den Eindruck, dass sie nur allgemeine Fragen stellen, die nichts mit Ihnen, Ihrer Branche oder der Art und Weise, wie Sie Ihr Unternehmen führen, zu tun haben? Ihr Unternehmen kann sich mit dem richtigen Auditor verbessern und mit strafferen Prozessen, lückenloser Einhaltung der Richtlinien und akribischer Aufmerksamkeit für Details vorankommen. Sie wollen Ihren Kunden nicht weniger bieten, also sollten Sie auch sich selbst nicht weniger leisten.

4. Ruf in der Branche

Sie können den Ruf des Auditors auf dem Markt besser einschätzen, wenn Sie mehr über seine Stärken und Schwächen erfahren. Am wichtigsten ist, dass Sie Vertrauen in ihn haben.

Lassen Sie sich also nicht von einem falschen Ruf täuschen, sondern informieren Sie sich gründlich über den Auditor, bevor Sie ihn mit dem Auftrag betrauen.

5. Die Beziehung zum Brand-Auditor

Eine gute Beziehung zwischen dem Brand-Auditor und dem Management ist Voraussetzung für ein erfolgreiches Auditing. Eine gute Beziehung führt zu einer guten Kommunikation, die es dem Management ermöglicht, dem Brand-Auditor die Ziele und Visionen des Unternehmens darzulegen. Sie trägt dazu bei, dass das Team auch unter Druck die Ruhe bewahren kann.

6. Erfahrung und Zertifikate

Sie können den richtigen Auditor für Ihren Auftrag finden, indem Sie Gespräche mit möglichen Auditoren führen und deren Leistungen bewerten. Außerdem empfiehlt es sich, sich nach dem Fachwissen und den Kenntnissen der Auditfirmen in anderen Bereichen als dem Auditing zu erkundigen. Verlassen Sie sich nicht auf Kundenportfolios und Online-Portale, sondern prüfen Sie gründlich die Erfahrung des Unternehmens in der Branche und die Echtheit seiner internationalen Zertifizierungen.

7. Verfahren zur Qualitätssicherung

Der Prüfer sollte darlegen, wie er die Qualität seiner professionellen Dienstleistungen sicherstellt, einschließlich der Einhaltung von Prüfungsstandards und bewährten Verfahren für die Berichterstattung. Peer-Reviews, laufende technische Schulungen für Auditoren, interne oder externe Weiterbildungsprogramme und dergleichen sollten in diese Überlegungen einbezogen werden.

9.4 Was Sie erwarten können - Der Ablauf des Brand-Auditings

- Beginnen Sie mit der Durchsicht der Leitbilder und strategischen Ziele, um einen Rahmen zu schaffen.

- Begutachten Sie Broschüren, Verkaufsunterlagen, Markenbotschafter, Produktverpackungen, das Logo, Visitenkarten und gedruckte Anzeigen des Unternehmens.

- Werfen Sie einen Blick auf Ihre Webanalysesoftware, um zu sehen, wie Ihre Unternehmenswebsite abschneidet.

- Verwenden Sie Social Media Analytics, um den Erfolg Ihres Social Media Marketings zu überprüfen.

- Nutzen Sie eine Kombination aus E-Mail-Umfragen, Umfragen in sozialen Medien, Online-Umfragen und Telefonumfragen, um Feedback von Ihren Kunden zu erhalten.

- Befragen Sie Ihre Mitarbeiter, um sicherzustellen, dass sie Ihre Marke verstehen.

- Informieren Sie sich über Ihre Mitbewerber, um zu sehen, was diese tun und wo Sie auf dem Markt stehen.

- Entwickeln Sie einen Handlungsplan, um die Marke zu modernisieren und sie mit den Zielen und der Vision Ihres Unternehmens in Einklang zu bringen.

- Überprüfen Sie nach Abschluss jedes Teils des Brand Auditing die Ergebnisse, um sicherzustellen, dass die Änderungen die gewünschte Wirkung haben. Wenn Sie das Brand Audit alle paar Jahre wiederholen, hält sich das Unternehmen frisch.

9.5 Gibt es schlechte Auditoren?

Es ist schwer zu glauben, dass jemand absichtlich ein schlechter Auditor ist. Allerdings können wir aufgrund von Voreingenommenheit und Selbstüberschätzung verhängnisvolle Fehler begehen. Nach einem halben Jahrhundert, in dem ich selbst auditiert wurde, Audits alleine und in Teams durchgeführt habe und von den Erfahrungen anderer Auditoren gelernt habe, habe ich festgestellt, dass es bei manchen Auditoren schwierig ist, sie als gut zu bezeichnen. Jede hier beschriebene Schattenseite basiert auf Personen, die ich bei meinen Recherchen kennengelernt habe. Die Auflistung der verschiedenen Profile soll dem Leser helfen, mögliche Fehler auf dem eigenen Weg und negative Rollenbilder zu erkennen, die, wenn sie sich zu eigen gemacht werden, jegliche Bemühungen um echte Verbesserungen und Wachstum vereiteln könnten.

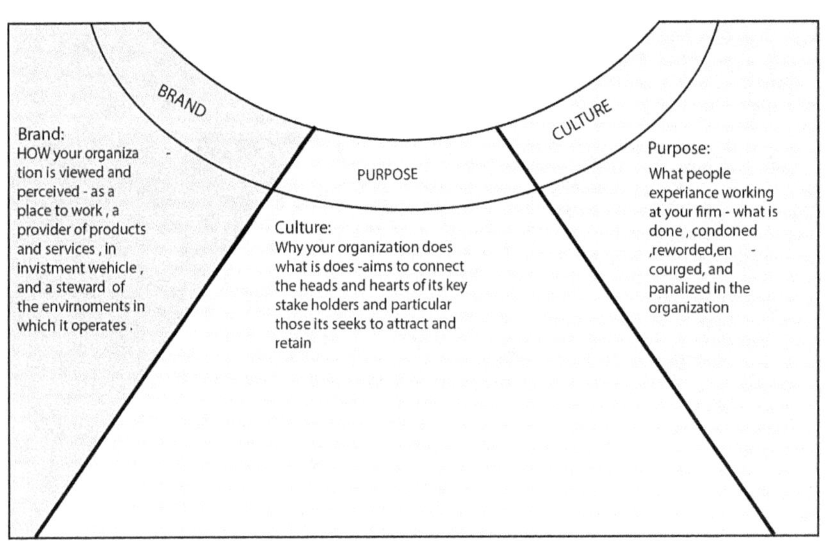

BRAND
CULTURE
PURPOSE
Brand:
HOW your organiza
tion is viewed and
perceived - as a
place to work , a
provider of products
and services , in
invistment wehicle ,
and a steward of
the envirnoments in
which it operates .
Culture:
Why your organization does
what is does -aims to connect
the heads and hearts of its key
stake holders and particular
those its seeks to attract and
retain
Purpose:
What people
experiance working
at your firm - what is
done , condoned
,reworded,en -
courged, and
panalized in the
organization

My-mindguide.com

10

IST EIN BRAND-AUDITOR AUCH EIN MARKENARCHITEKT?

Viele Unternehmen, insbesondere solche, die im Laufe der Jahre durch Übernahmen gewachsen sind, werden allmählich zu einer vielschichtigen Mischung aus neuen und alten Marken, die jeweils ihre eigene Identität aufweisen. Das kann für Kunden verwirrend sein, die Marketingeffizienz leidet und Potentiale werden nicht gehoben. Möglicherweise verwirren Sie mit Ihren verschiedenen, sich überschneidenden Markenbotschaften, ohne sich dessen bewusst zu sein. Allerdings ist es nicht immer einfach, diese Unklarheit in Ihrem Unternehmen zu erkennen, denn Sie haben sich wahrscheinlich an bestimmte Dinge gewöhnt und verfügen möglicherweise nicht über einen klaren Blick außerhalb Ihrer eigenen vier Wände.

Eine neu konzipierte Brand-Architecture kann notwendig sein, wenn Ihre Portfolio zu kompliziert, verwirrend oder einfach unübersichtlich ist und nicht mehr die angemessene Wertschöpfung produziert. Eine intelligente Brand Architecture ist die beste Möglichkeit Synergien auszuschöpfen und den

Mitteleinsatz zu optimieren. So können Sie sie besser steuern und Markenpotentiale sinnvoll steigern. Um zu verstehen, was Brand Architecture für Ihr Unternehmen leisten kann, sollten wir zunächst das Konzept näher erläutern.

10.1 Was bedeutet Brand-Architecture?

Dies ist die Struktur des Portfolios von verschiedenen Brands eines   Unternehmens. Der Schlüssel zum Erfolg ist die maximale Kapitalisierung des Vertrauens in den Köpfen Ihrer Kunden. Wie stellt sich der Kunde Ihr Unternehmen und dessen Portfolio an Angeboten vor und wie entspricht jedes Angebot seinen Bedürfnissen?

Eine wirkungsvolle Brand-Architecture umfasst ein System von Bezeichnungen, Symbolen, Farben und visuellem Vokabular, das sich direkt an den Emotionen der Zielgruppe orientiert. Die Breite und Tiefe wird durch die Segmentationswünsche definiert, die wirtschaftlich sinnvoll sind. Wenn ein Kunde bereits eine Beziehung oder positive Assoziation zu einer Hauptmarke hat, ist er eher bereit, eine der Submarken sein Vertrauen zu schenken.

Letztlich geht es darum, die Wahrnehmung zu steuern. Nach außen hin hilft dies Ihren Kunden und Stakeholdern, sich in einem komplexen Unternehmen zurechtzufinden. Intern kann es ein nützliches Instrument zur Verbesserung der Wirksamkeit und Leistung des Marketings sein. Doch damit sind die Vorteile noch nicht erschöpft.

10.2 Verschiedene Brand-Architecture-Formen

Üblicherweise gibt es hierfür vier Einteilungen: Branded House, House of Brands, Endorsed oder Hybrid. Lassen Sie uns diese Begriffe etwas genauer betrachten:

Branded House

Ein Branded House hat eine starke Hauptmarke und ein Geschäftsbereich, der den Namen der Hauptmarke zusammen mit einer Produkt- oder Dienstleistungsbeschreibung verkörpert. FedEx und seine Erweiterungen, FedEx Express, FedEx Ground, FedEx Freight usw., sind Beispiele für ein Branded House. Die Architektur des Branded House baut auf der bestehenden Kundentreue auf, bei der das Publikum sich weniger für die Merkmale oder Vorteile des Produkts interessiert, sondern mehr für das zentrale Markenversprechen, das es kennt und liebt.

Zu den weiteren Vorteilen der Branding-Strategie gehören wirksamere Ausgaben für Marketing und Werbung sowie ein positiver Equity Spillover zwischen den Submarken. Natürlich kann dieser Spillover auch negative Auswirkungen haben. Ein Problem mit einer Submarke kann das gesamte Branded House in Mitleidenschaft ziehen. Ein weiteres Risiko, das mit einer Branded House-Strategie verbunden ist, sind Streuverluste: Wenn eine Marke zu breit über mehrere Dienstleistungskategorien hinweg positioniert wird, kann ihre Wirkung verpuffen.

Im Folgenden finden Sie einige Beispiele für Branded Houses:

- FedEx
- Apple
- John Deere
- Harley Davidson
- Virgin

House of Brands

Eine House of Brands-Architecture umfasst eine Sammlung von verschiedenen, bekannten Marken, die unter einer Muttermarke zusammengefasst sind, die den Kunden bekannt sein kann oder auch nicht. Die übergeordnete Marke ist nur für die Investorengemeinschaft von Interesse. In einem House of Brands unterstützen sich die einzelnen Markenerweiterungen gegenseitig, während die Muttermarke die Früchte erntet. Dies zeigt sich bei Marken wie Procter & Gamble und ihrer vielfältigen Produktpalette in verschiedenen Branchen. Die Fähigkeit, verschiedene Zielgruppen und Märkte mit einer Reihe von spezifischen Wertversprechen zu erreichen, ist einer der Vorteile eines House of Brands. Die Produkte innerhalb der Markenarchitektur können auf der Verpackung ein kleines Logo oder eine Adresse der Muttermarke enthalten. Einige Unternehmen mit einer House of Brands-Architektur entscheiden sich aus Gründen der Preisgestaltung, der wahrgenommenen Qualität oder der Zielgruppenstrategie dafür, die Beziehung zwischen ihrer Muttermarke und den Portfoliomarken nicht zu veröffentlichen. Was die Nachteile betrifft, so sind die größten Probleme bei dieser Art von Branding die Kosten. Jede Marke benötigt ihre eigene Werbung und ihr eigenes Marketing, und es gibt nur wenige Möglichkeiten für Cross-Promotion.

Die Muttermarke in einem House of Brands fungiert als Holdinggesellschaft für ihre verschiedenen Portfoliomarken und verwaltet jede Marke wie ein eigenes Unternehmen. Die für diese Strategie erforderliche rechtliche Komplexität bringt auch erheblich höhere Kosten mit sich.

Beispiele für ein House of Brands sind:
- Newell
- Procter & Gamble
- Unilever
- Nestle
- General Motors

Endorsed

Endorsement reduziert das Risiko eines Unternehmens und bietet mehr Möglichkeiten zur Positionierung als ein House of Brands-Ansatz. In einer Endorsed-Architektur gibt es eine Muttermarke und zugehörige Geschwistermarken, die alle eine eigene Marktpräsenz haben. Die Geschwistermarken profitieren von der Zugehörigkeit zu ihrer Muttermarke oder von deren Unterstützung. Die Beziehungen zwischen den Geschwistermarken innerhalb einer Endorsed-Architektur sind häufig von gegenseitigem Nutzen, wobei jede von der Stärke der anderen profitiert. Kellogg und Nabisco sind zwei Beispiele für Unternehmen, die stolz den Namen ihrer Muttermarke auf der Verpackung ihrer Produkte tragen. Botschaften wie „präsentiert von ..." sind Hinweise auf eine Endorsed-Strategie.

Im Folgenden finden Sie einige Beispiele für die Architektur von Endorsed Brands:
- Nabisco
- Kellogg
- Ralph Lauren
- Caterpillar
- Honda

Hybrid

Die hybride Markenarchitektur besteht aus einer Kombination der oben genannten Varianten. Im Fall von Alphabet kann Google in dem Bereich agieren, den es am besten kennt: Suche und Werbung. Im Gegensatz dazu agieren kleinere Marken wie Nest, Sidewalk Labs und Calico als individuelle Unternehmen in ihren spezialisierten Bereichen.

Ein hybrides Modell bietet die Flexibilität, über mehrere Ebenen unterschiedlicher Hierarchien zu verfügen, einschließlich verschiedener Level von marktnahen Marken und untergeordneten Submarken. Viele Unternehmen, die sich für eine hybride Strategie entschieden haben, haben dies aus der Not heraus getan. Eine hybride Architektur ist oft eher ein Ad-hoc-Ansatz aus Fusionen und Übernahmen als eine proaktive Markenstrategie.

Beispiele für eine hybride Markenarchitektur sind:
- Alphabet
- Coca-Cola
- Microsoft
- Amazon
- Marriott Bonvoy

10.3 Die Vorteile einer klaren Brand-Architecture

Falls Sie sich der praktischen Vorteile einer Markenarchitektur nicht bewusst sind, geht es nicht nur Ihnen so. Meiner Erfahrung nach haben viele Geschäftsführer nur ein begrenztes Verständnis für dieses wichtige strategische Instrument und die Herausforderungen, die es meistern kann. Welche Arten von Herausforderungen gibt es?

- Ihre Kunden kennen den vollen Umfang Ihrer Produkte und Dienstleistungen nicht oder verstehen ihn nicht vollständig.

- Sie haben mehrere Produkte/Dienstleistungen, die der Konkurrenz weit überlegen sind, und möchten einen Teil ihres Markenwerts übertragen.

- Sie haben ein oder mehrere Produkte/Dienstleistungen, die deutlich schlechter abschneiden als Ihre anderen Angebote und möchten deren Bekanntheitsgrad und Ansehen erhöhen.

- Sie haben kürzlich eine neue Marke gekauft oder planen den Kauf einer solchen und möchten deren Produkte/ Dienstleistungen optimal einbinden.

- Sie führen eine neue Produktlinie oder eine neue Dienstleistung ein und müssen sie in Ihr bestehendes Angebot einbinden.

- Sie bereiten sich auf einen Liquidationsfall vor und möchten sicherstellen, dass der Markenwert Ihres Unternehmens maximiert wird.

Richten Sie Ihr Augenmerk auf die Bedürfnisse bestimmter Kundensegmente.
Dank der Markenarchitektur können Sie Ihre Botschaften so strukturieren, dass jedes Zielpublikum genau das hört und erhält, was es hören möchte.

Senken Sie die Marketingkosten erheblich.
Ihre Marketinganstrengungen werden exponentiell wirkungsvoller, wenn Marken logisch und intuitiv aufgebaut sind. Zudem ist das Marketing leistungsfähiger, wenn es Möglichkeiten für Cross-Promotion zwischen den Marken gibt.

Positionierung und Messaging .

Nichts verbessert die Wirksamkeit Ihrer Markenpositionierung mehr als Klarheit. Die Klärung der Positionierung und der Botschaften Ihrer Marke ist wie ein Hochleistungstuning für Ihre Marke.

Erleichtern Sie das Wachstum und stärken Sie das Vertrauen der Stakeholder.

Der modulare Charakter macht es einfacher, Marken, Produkte oder Dienstleistungen hinzuzufügen, wenn Ihr Unternehmen wächst. Und gut geführte, zukunftsorientierte Marken sind sowohl für Investoren als auch für Mitarbeiter ein gutes Zeichen.

Erhöhen Sie das Markenbewusstsein Ihrer Kunden.

Wenn die verschiedenen Geschäftsbereiche nicht klar definiert sind, müssen sie sich auf die übergeordnete Marke verlassen, um die Aufmerksamkeit des Marktes zu gewinnen. Markenarchitektur unterstützt die Vielfalt einer Muttermarke, indem sie die unterschiedlichen Stärken der verschiedenen Untermarken hervorhebt.

Schaffen und sichern Sie Brand-Value

Alle oben genannten Vorteile führen zu dem entscheidenden Wettbewerbsvorteil für jedes Unternehmen: dem Markenwert. Wenn Sie diesen steigern, können Sie sich als führende Institution in der Branche etablieren, und der Marktwert steigt entsprechend.

10.4 Auditing der Brand-Architecture

Der Aufbau und die Pflege einer schlüssigen Brand-Architecture ist für Unternehmen immer schwieriger geworden, da Markenportfolios immer größer und komplexer werden. Regionale und weltweite Expansion, Fusionen und Übernahmen, Diversifizierung sowie Erweiterungen von Produkten und Produktlinien sind allesamt Faktoren, die das Markenportfolio beeinflussen. Bevor wir fortfahren, müssen wir uns vergegenwärtigen, was unter Brand-Architecture zu verstehen ist. Im Laufe der Jahre sind zahlreiche Begriffsbestimmungen entwickelt worden, die sich jedoch alle auf den zentralen Grundsatz beziehen. Brand-Architecture ist ein Rahmen für die Einordnung von Marken in Gruppen oder hierarchische Ebenen, die miteinander verbunden sind. Das Cambridge Dictionary definiert dies als eine „Methode, mit der ein Unternehmen seine Produkte organisiert und benennt, um den Verbrauchern die Unterschiede und Gemeinsamkeiten zwischen ihnen aufzuzeigen". Sie dient sowohl als Input als auch als Output für die Umsetzung der Markenstrategie.

Die Brand-Architecture als Rahmen ist untrennbar mit anderen wichtigen Elementen der Markenstrategie verbunden, wie beispielsweise der Optimierung des Markenportfolios, dem Markenwert, sowie der Positionierung/Neupositionierung der Marke und des Markenwerts. Diese Bestandteile legen die Beziehungen zwischen den Marken fest, die auf verschiedenen hierarchischen Ebenen angeordnet sind. In den letzten Jahren hat sich der Bereic rasant weiterentwickelt. Es wurde viel geforscht, und eine Vielzahl von strategischen Überlegungen prägen dieses Wissensgebiet. Es wurden Tools und Blaupausen geschaffen, ebenso wie wesentliche Konzepte, beispielsweise die Weiterentwicklung. Es gab auch bedeutende Studien und akademische Beiträge zu diesem Thema.

Angesichts des dynamischen Charakters ihrer Geschäfte ist die Brand-Architecture großer Konzerne kein starres Konstrukt, sondern eines, das sich ständig verändert. Der Gedanke weltweiter Power Brands ist ein charakteristisches Merkmal dieser Unternehmen, und eine gut durchdachte Architektur ermöglicht es ihnen, diese Power Brands in verschiedenen Ländern zu nutzen. In den letzten Jahren haben immer mehr Unternehmen die Bedeutung eines hochwertigen Markenmanagements erkannt und damit begonnen, dies auch intern umzusetzen. Infolgedessen wird der Brand-Architecture und der Schaffung eines Rahmens innerhalb der Organisation immer mehr Bedeutung beigemessen.

10.5 Typische Anwendungen für diese Art von Brand-Auditing

Sie sollten jährlich ein Brand-Auditing der Brand-Architecture aus der Sicht Ihrer Kunden durchführen. Dies kann dabei helfen,

- Sicherzustellen, dass die Verfahren Ihres Markenportfolios mit der Einführung neuer Dienstleistungen und Produkte, Fusionen und Übernahmen oder anderen strategischen Initiativen Schritt halten.

- Ihr Markenportfolio zu evaluieren, zu verfeinern und zu stärken, um maximales Wachstum und höchstmögliche Erträge zu erzielen.

10.6 Vorgehensweise beim Audit

Die folgenden Schritte gehören dazu:

- Erstellen Sie ein Diagramm Ihrer aktuellen Brand-Architecture, um die bestehenden Beziehungen zwischen den

Marken Ihres Portfolios und deren Beziehung zu etwaigen übergeordneten Marken und Ihrer Unternehmensmarke darzustellen.

- Bewerten Sie das Portfolio anhand einer Reihe grundsätzlicher Fragen, die Ihnen dabei helfen, die strategischen und finanziellen Wachstumsmotoren für Ihr Unternehmen zu bestimmen, und platzieren Sie dann diese wichtigen Angebote sowohl intern als auch extern deutlich.

- Bevor Sie sich für Ihre endgültige Markenstrategie entscheiden, erstellen und bewerten Sie mehrere Varianten, wobei Sie auf die aktuellen Beziehungen zwischen den Marken achten.

- Erstellen Sie Richtlinien für die Namensgebung Ihrer Marke, um die Benennung neuer Angebote zu erleichtern und gleichzeitig die Prinzipien.

- Kommunizieren Sie das System offiziell im gesamten Unternehmen, um sicherzustellen, dass alle Beteiligten an einem Strang ziehen.

10.7 Wesentliche Bestandteile

Es ist von entscheidender Bedeutung, die Hauptelemente und Grundprinzipien einer erfolgreichen Brand-Architecture zu verstehen. Vergessen Sie nicht, dass der Schlüssel in der Einfachheit liegt. Das ist leichter gesagt als getan in der heutigen Welt globaler Portfolios, die aus tausenden Marken, zahlreichen Submarken, Hunderten von regionalen Marken und einem kontinuierlichen Strom von Produkten und

Erweiterungen von Produktlinien bestehen. Dennoch sind die Merkmale einer guten Brand-Architecture Einfachheit und Vollständigkeit. Viele weltweit tätige Unternehmen und aufstrebende regionale Großkonzerne haben Modelle der Markenarchitektur eingeführt, die hervorragende Beispiele für ein wirksames und schlüssiges Markenmanagement sind.

Die Kellogg's Company hält sich in ihrer gesamten Architektur an eine anerkannte Markenstrategie. Beispiele für kohärente Modelle, die häufig zitiert werden, sind die von The Virgin Group (Branded House Framework) und Procter & Gamble (House of Brands Framework).

Ein Auditing ist der erste, logische Schritt bei der Entwicklung und Umsetzung eines Rahmens. Dabei wird der aktuelle Stand des Unternehmens ermittelt. Dies ist von entscheidender Bedeutung für das Verständnis und die Bewertung der bestehenden Beziehungen zwischen den verschiedenen Marken des Portfolios und wie sie sich zu einer Reihe von Dachmarken und dem Unternehmensnamen zusammenfügen.

Das Auditing stellt die grundlegende Architektur auf den Prüfstand, die angepasst, umgestaltet und verbessert werden muss. Die Durchführung eines Audits ist von entscheidender Bedeutung, wenn das Unternehmen über einen längeren Zeitraum hinweg keinerlei Arbeit im Bereich des Markenportfolio-Managements geleistet hat, wenn Geschäftseinheiten zusammengelegt wurden, neue Marken eingeführt wurden, ein erheblicher Zuwachs an Produkt- oder Sortimentserweiterungen zu verzeichnen war oder wenn sich das Unternehmen mit einem anderen Unternehmen zusammengeschlossen hat.

Bei der Durchführung müssen Sie zwei Hauptziele im Auge behalten:

- Die aktuelle und künftige Leistung und den Wachstumspfad des Unternehmens.

- Aktuelle und zukünftige Positionierung der Marke in den Marktsegmenten, in denen sie tätig sind.

Das Audit ist wie eine Due-Diligence-Prüfung. Es wird gemessen, wie nah die aktuelle Architektur an der Wachstumsstrategie des Unternehmens ist und wie es seine Marken auf dem Markt positionieren und verkaufen will. Je nach der gewünschten Genauigkeit und Vollständigkeit können Audits verschiedene Formen annehmen. Sie können das Audit auf der Ebene der einzelnen Marken durchführen, um die Passung jeder Marke in der Architektur in Bezug auf die Beziehungen zur Dachmarke oder zur Unternehmensmarke zu bewerten. Bei Audits wird im Wesentlichen versucht, Abweichungen oder eine von der ursprünglichen Absicht divergierende Positionierung der einzelnen Marken zu ermitteln. Dabei werden Konflikte bei der Positionierung oder schlechte Methoden der Markenführung aufgedeckt, die zu den Abweichungen geführt haben. Außerdem wird bei Audits festgestellt, ob sich die Marktstruktur, in der die Marke operiert, verändert hat, was bedeutet, dass Sie die Position der Marke in der Architektur ändern müssen.

Strategische Audits gehören ebenfalls zu den Audits, die in Verbindung mit individuellen Brand Audits durchgeführt werden sollten. Dabei wird die bestehende Struktur in ihrer Gesamtheit untersucht und ein Belastungstest durchgeführt, um festzustellen, ob die Architektur angesichts der jüngsten

Veränderungen auf dem Markt und in der Branche noch tragfähig ist. Vor allem aber versucht das strategische Audit, die Zweckmäßigkeit der Architektur zu beurteilen, wobei berücksichtigt wird, wie sich das Unternehmen durch eine Fusion oder eine Reihe von Übernahmen entwickelt hat.

Bewertung des Portfolios der Marke:
Nachdem das Audit den aktuellen Stand ermittelt hat, müssen einige grundlegende Entscheidungen hinsichtlich der zukünftigen Ausrichtung der Marke auf die Verbraucher und die internen Managementgrundsätze getroffen werden. Die zweite entscheidende Phase ist eine gründliche Bewertung des Markenportfolios. Diese Maßnahme liefert Antworten auf eine Reihe von wichtigen Fragen, darunter:

- Von welchen Marken sollte sich das Unternehmen trennen, weil sie schlecht abschneiden und nicht zum angestrebten Portfolio passen?

- Wie sollten neu erworbene Marken in das Portfolio eingebunden werden, und zwar im Hinblick auf ihre Beziehungen zu den Kernmarken der Produkte und der Unternehmensmarke?

- Wie kann die Verbreitung von Submarken und regionalen Marken durch die Übernahme von Produktmarken, Produkterweiterungen und Gestaltungsfaktoren gesteuert werden?

- Wie sollte die Roadmap und die Innovationspipeline bei der Entwicklung und Einführung neuer Marken oder Markenerweiterungen verwaltet und gesteuert werden?

In vielen Fällen beinhaltet die Bewertung des Markenportfolios auch den Einsatz ausgefeilter Analysetechniken, um die Vorlieben für verschiedene Marken auf konkurrierenden Märkten zu messen. Mithilfe moderner Conjoint- und Präferenzmessungstechniken werden die Marktbedingungen und die möglichen Auswirkungen der Einführung neuer Marken, Packungsgrößen, Erweiterungen und dergleichen bewertet und simuliert. Diese zweite Phase sollte zu einer optimierten Palette von Marken im Portfolio führen, die als Wachstumstreiber für das Unternehmen ermittelt wurden, die mit einer eindeutigen Ausrichtung auf den Markt gebracht und entwickelt wurden, die eine starke Beziehung zu den Dachmarken und der Unternehmensmarke haben und die für das Unternehmen einen strategischen Wert darstellen.

Das Feld der Bewertung entwickelt sich weiter, und es stehen zahlreiche Methoden zur Verfügung, die jeweils ihre eigenen Vor- und Nachteile haben. Die Bewertung des Portfolios umfasst häufig auch eine Bewertung der Marke. Analytische Präferenzmessungen werden durch eine Bewertung unterstützt, um zu einer kommerziell orientierten Lösung für die Aufgabe oder den Verbleib von Marken im Portfolio zu gelangen.

Entscheidung über den Rahmen der Markenarchitektur:
Bevor die endgültige Architektur umgesetzt werden kann, müssen mehrere Frameworks entwickelt, untersucht und überprüft werden. Rahmenwerke sollten immer den aktuellen Beziehungen zu den Marken Tribut zollen und gleichzeitig zukunftsorientiert gestaltet sein. Die folgenden Schlüsselelemente beeinflussen die Gestaltung des Frameworks:

- Die Anzahl der Ebenen, die in der Architekturhierarchie vorhanden sein müssen.

- Die Branding-Strategie des Unternehmens (z.B. Branded House, House of Brands, Endorsed Brands, und andere).

- Markenportfolios auf globaler, regionaler und lokaler Ebene - Gemeinsamkeiten und Unterschiede.

- Die Anzahl der verfügbaren Untermarken.

- Die Anzahl der verfügbaren Formate, Gestaltungsfaktoren und Erweiterungen.

In vielen Fällen müssen Frameworks sowohl auf internationaler als auch auf lokaler Ebene entwickelt werden, insbesondere bei internationalen Organisationen. Der globale Rahmen kann so weit gehen, dass internationale Marken mit regionalen Marken in Verbindung gebracht werden. Architekturen auf lokaler Ebene sind erforderlich, wenn die regionalen Portfolios groß sind und sich unabhängig entwickeln und wachsen können. Sie sollten mit der globalen Architektur verknüpft sein, aber nicht vollständig von ihr bestimmt werden. Es ist auch nicht notwendig und in vielen Fällen auch gar nicht möglich, dass ein Unternehmen eine einheitliche Brand-Architecture für sein gesamtes Portfolio unterhält. Hybride Architekturen sind ebenfalls üblich, und zwar aufgrund von expandierenden Markenportfolios, starken regionalen Marken und Power Brand Repertoires. Nestle und Unilever verfolgen länderzentrierte Strategien, die sich auf die Brand-Architecture auswirken. Insbesondere Unilever verfügt über mehrere marktführende örtliche Marken, die unabhängig von jeder Form des Endorsements agieren. Nestle verfolgt eine hybride Strategie, bei der einige seiner starken Marken mit dem Unternehmensnamen Nestle versehen sind, während viele regionale Marken unabhängig agieren.

Richtlinien für die Benennung von Marken:
Der architektonische Rahmen kann nicht umgesetzt werden, wenn er nicht als Richtschnur für das Branding dienen kann. Es werden Richtlinien für die Benennung von Marken erstellt, die als Grundsätze für die Benennung neuer Produkte dienen. Abhängig von der letztendlichen Architektur sollten Richtlinien für die Namensgebung bei der Benennung neuer Produkte helfen, indem sie sich an die Prinzipien halten. So kann ein Unternehmen, das sich an das Master Brand Endorsement-Prinzip für Power Brands hält, die Benennungsrichtlinien nutzen, um ein neues Produkt einzuführen, das das Potenzial hat, eine Power Brand zu werden.

Etablierte Namensrichtlinien können von strategischer Bedeutung sein, wenn ein Unternehmen Marken erwirbt. Angenommen, mehrere erworbene Marken sind Marktführer oder haben beherrschende Marktanteile: In diesem Fall kann das Unternehmen die Richtlinien für die Namensgebung in Verbindung mit dem Rahmen für die Brand-Architecture verwenden, um zu bestimmen, welche Art von Endorsement, Co-Branding, unabhängigem Branding und dergleichen erforderlich ist.

Umsetzung und Verbreitung:
Die fünfte und oft übersehene Phase ist die Umsetzung und Verbreitung im gesamten Unternehmen. Es handelt sich nicht um ein rätselhaftes Framework, von dem jeder schon einmal gehört hat, das aber niemand wirklich kennt. Es ist wichtig, sich daran zu erinnern, dass die Architektur von Menschen geschaffen und entworfen wurde und für Menschen bestimmt ist. Die Verbreitung ist von entscheidender Bedeutung für die erfolgreiche Umsetzung des Rahmens in

der Marken- und Portfoliostrategie des Unternehmens. Dabei ist es unerlässlich, sich daran zu erinnern, dass jede Form der Markenarchitektur aus der Perspektive der Verbraucher und nicht aus der der internen Vermarkter entwickelt werden sollte. Markenarchitekten sollten sich über die Position und die Beziehungen der Marke im Klaren sein. Um auf die Verbreitung zurückzukommen: Die Auswahl der geeigneten Arten und Formen der Verbreitung ist entscheidend.

Unternehmen können individuelle Schulungen und gemeinsame Workshops konzipieren und durchführen, Markenstrategie-/Management-/Marketing- und Vertriebsteams regelmäßig informieren und Richtlinien für die Verwendung der Architektur zur Entwicklung neuer Marken aufstellen.

Das Prinzip wird zunehmend zu einer fortlaufenden Vorgehensweise anstatt zu einem einmaligen Ereignis. Jährliche Brand-Audits werden in globalen Unternehmen immer häufiger etabliert. Diese werden als entscheidende strategische Überprüfungen angesehen, um festzustellen, ob die immer größer werdenden Markenportfolios in der Markenarchitektur weiterhin stimmig sind und ob die Vorgehensweisen des Markenmanagements die gewünschten Ergebnisse bringen. In internationalen Unternehmen mit einem umfangreichen Markenportfolio - von denen viele in Bezug auf die Marktabdeckung global oder regional sind - ist es immer häufiger üblich, eine Einzelperson oder eine Gruppe als Brand Custodians zu ernennen. Diese Personen oder Gruppen sind dafür verantwortlich, die Einheitlichkeit der Markenpositionierung auf den internationalen Märkten zu gewährleisten.

10.8 Kann ein Brand-Auditor gleichzeitig auch ein Branding-Architekt sein?

Die Kurzantwort lautet hier: Ja. Da ein Brand-Auditor weiß, wie es um die Situation einer Marke bestellt ist, ist es nur logisch, dass er die Marke in der richtigen Weise strukturiert. Dies ist jedoch kein Muss. Wenn die Beauftragung eines Markenarchitekten eine gangbare Möglichkeit ist, sollten Sie sich dafür entscheiden. Die Übernahme und Integration von Thorn, dem bekanntesten Beleuchtungsunternehmen in Großbritannien, war eine echte Herausforderung. Dr. Andreas Ludwig, der Vorstandsvorsitzende der Zumtobel Gruppe, und sein Managementteam gaben grünes Licht für ein Umdenken und Brand-Steering. Es war nicht leicht, die Hauptaktionäre zu überzeugen, die waren nämlich der Meinung, sie würden ihre Marken kennen. Eine Übernahme oder Fusion ist oft eine richtige Geldvernichtungsmaschine, wenn man sie nicht so durchführt, wie man es für angebracht hält.

Im Allgemeinen handelt es sich bei Fusionen und Übernahmen um ähnliche unternehmerische Maßnahmen. Sie führen zwei zuvor unabhängige Unternehmen zu einer einzigen juristischen Person zusammen. Wenn sich zwei Unternehmen zusammenschließen, können sie erhebliche betriebliche Vorteile erlangen, und das Ziel der meisten Fusionen und Übernahmen ist es, die Leistung des Unternehmens und den Shareholder-Value langfristig zu verbessern. Die Anreize für eine Fusion oder Übernahme können beträchtlich sein. Ein Unternehmen, das mit einem anderen fusioniert, kann von größeren Skalingeffekten, höheren Umsätzen, Marktanteilen, einer breiteren Streuung und höherer steuerlicher Effizienz profitieren. Die zugrunde liegenden Geschäftsprinzipien und

Finanzierungsmethoden für Fusionen und Übernahmen unterscheiden sich jedoch erheblich.

Fusion

Eine Fusion ist die gemeinsame Entscheidung zweier Unternehmen, sich zusammenzuschließen und zu einer Einheit zu werden; sie kann als eine Entscheidung von zwei Gleichen angesehen werden. Angesichts der strukturellen und operativen Vorteile, die die Fusion mit sich bringt, kann das fusionierte Unternehmen seine Kosten senken und seine Gewinne steigern, wodurch sich der Shareholder-Value für beide Aktionärsgruppen erhöht.

Übernahme

Eine Übernahme hingegen ist definiert als der Kauf eines kleineren Unternehmens durch ein viel größeres Unternehmen. Diese ungleiche Kombination kann die gleichen Vorteile wie eine Fusion bieten, aber es gibt keine gemeinsame Entscheidung.

Aktionäre von Stammaktien haben ein Stimmrecht und können somit darüber abstimmen, ob eine Fusion oder eine Übernahme stattfindet. Wenn die Stimmrechte eines Aktionärs nicht ausreichen, um eine feindliche Übernahme zu verhindern, enthalten einige Aktionärsrechte Formulierungen, die unbeabsichtigt eine Fusion oder Übernahme verhindern können, wie beispielsweise eine so genannte Poison Pill.

10.9 Die Ergebnisse

Ich habe alle Stakeholder in Italien, Deutschland, Österreich, Frankreich und Großbritannien persönlich befragt und insgesamt 150 ausführliche Interviews geführt, die jeweils 2 Stunden dauerten. Darüber hinaus habe ich dreihundert Telefoninterviews und 600 Online-Umfragen durchgeführt.

Ich habe Kontinente und Länder durchquert und bin 120.000 km gefahren.

All dies war ein Beitrag zu einer klaren strategischen und konzeptionellen Ausrichtung. Die Strahlkraft des Unternehmens war von Innen nach Außen für alle Stakeholder erlebbar. Die Zukunftsperspektiven und die inneren Werte begeisterten und zogen fast magnetisch Talente und Chancen an. Dies überzeugte nicht nur die Mitarbeiter, das Management und die Kunden sondern auch die Investoren.

Das Ergebnis war ein IPO mit einem ersten Kurs von mehr als 30 Euro an den europäischen Börsen und echte Begeisterung bei allen Stakeholdern.

Nachdem der damalige CEO Dr. Andreas Ludwig und ich 2009 das Unternehmen verlassen hatten, waren, stürzte die Aktie bis auf 4 Euro ab. Vielleicht lag es nicht an dieser Veränderung, aber sie hat mit Sicherheit dazu beigetragen.

Brand Steering ist eine ständige Herausforderung, die nicht auf Quartalsbasis erledigt werden kann. Für Zumtobel habe ich die Marken in Europa, im Nahen Osten, in China, Australien und Singapur auditiert. Dies war eine anstrengende, aber auch sehr erfüllende Aufgabe. Ich hatte tagsüber Interviews und abends schrieb ich Berichte. Sie können sich vorstellen, wie viele Stunden Schlaf ich dabei bekam.

Die Gespräche in China mit den strategischen Partnern und Lieferanten waren beinahe surreal. Die Managementteams hatte keine Ahnung, wie es mit der Auditsituation umgehen sollten, doch wir konnten schließlich mit Hilfe eines Übersetzers die notwendigen Fragen klären. Unvergessen bleibt auch der Nachmittag in Shanghai mit dem Chief Officer der staatlichen

Beleuchtungsindustrie. Das ursprünglich einstündige Gespräch dauerte 5 Stunden und endete mit der Überlegung, Brand-Auditing für chinesische Marken obligatorisch zu machen. Einige Markenbotschafter waren sehr verunsichert, ob sie die Anforderungen auch wirklich voll und ganz erfüllen können.

Tridonic, ein globaler Komponentenhersteller für die Beleuchtungsindustrie war einer meiner Klienten. Die internationalen Standorte sind in Europa, China, Singapur und dem Nahen Osten, Australien und den USA. Auch in diesem Fall führte ich 150 ausführliche Interviews, 300 Telefoninterviews und pflegte 600 Online-Kontakte. Dabei ging es um die Neustrukturierung des Marktauftritts von Tridonic. Eine systemische Marken-Architektur und intelligentes Brand Steering speziell im Hinblick auf die OEM Funktion wurden umgesetzt.

EGGER einer der weltweit ganz Großen im Bereich Holzwerkstoffe stellte eine ganz besondere Herausforderung dar. Die gesamte Unternehmensarchitektur war auf B2B ausgerichtet, mit einem starken Vertriebsfokus. Das Bereich „ Fußboden" wuchs nicht nur dynamisch, sondern begann auch zaghaft mit der B2C Markenbildung.

Brand-Steering für dieses dynamisch wachsende Unternehmen war geprägt durch eine intensive Bewusstseins -Arbeit bei allen Stakeholdern in der Transformation von der Vertriebsmarke zur internationalen Marke für Höchstleistungen im Bereich Holzwerkstoffe. Gemeinsam gelang es mir hier ein nachhaltiges Markenbewußtsein zu implementieren und heute blicke ich mit Stolz auf die ständig neuen Erfolge dieses Unternehmens, dass ich 10 Jahre begleiten durfte.

Bei Tyrolit/Swarovski Group habe ich meine erste Aufgabe im Brand-Steering und in der Integration von Fusionen wahrgenommen, während ich gleichzeitig eine Brücke zwischen den Kulturen geschlagen habe. Ich habe auch zwei Rollen verkörpert, für die ich Verschwiegenheitsvereinbarungen unterzeichnet habe. Es ist also nicht unmöglich, gleichzeitig Brand-Auditor und Brand-Architekt zu sein. Diese Rollen mögen sich streng voneinander unterscheiden, aber sie lassen sich erfolgreich miteinander vereinbaren.

10.10 Fazit

Die Bedeutung einer strategischen Vision und eines gut definierten Entwicklungs- und Managementprozesses für die Brand-Architecture hat sich im Laufe der Zeit deutlich weiterentwickelt. Regionale und globale Expansion, Fusionen und Übernahmen, Streuung, rasche Innovationsprozesse und eine zunehmende Häufigkeit von Erweiterungen von Produkten und Produktlinien haben das Markenportfolio von Unternehmen beeinflusst, was sich unmittelbar auf die Komplexität und das Management auswirkt. Für Unternehmen wird es immer schwieriger, je größer und komplexer ihre Portfolios werden.

Eine ausgeprägte Verbindung zwischen Architektur und Strategiedesign gewährleistet mittel- und langfristiges Wachstum. Die Brand-Architecture muss als Orientierungshilfe und als Navigationshilfe für die Verantwortlichen der Marken dienen und es ihnen ermöglichen, Strategien zur Entwicklung und Erweiterung des Portfolios umzusetzen.

Wirkungsvolle Brand-Architectures sind strategisch konzipiert und werden mit einer vorausschauenden, sich weiterentwickelnden Denkweise erstellt. Unternehmen müssen den Prozess der Entwicklung als wichtigen Bestandteil ihres strategischen Plans betrachten. Dadurch kann das Unternehmen sein Markenportfolio auf dem Markt mit dem klaren Ziel verwalten und positionieren, Marktanteile zu gewinnen und zu halten.

11

SOLLTE EIN BRAND-AUDITOR ODER MARKENARCHITEKT AUCH DIE MARKETINGKOMMUNIKATION ERARBEITEN?

Ich beantworte diese Frage mit einem schlichten NEIN, obwohl ich in meiner aktiven Laufbahn selbst mehrere Rollen einnahm. Warum, werden Sie vielleicht fragen?

Die Antwort ist verblüffend einfach: wenn sich der Auditor selbst auditiert, führt dies fast zwangsläufig zu Zielkonflikten. Lassen Sie uns deshalb die Aufgabenfelder einer Werbeagentur beleuchten und damit von den anderen Professionen abgrenzen:

11.1 Was macht eine Werbeagentur?
Werbeagenturen kreieren Kommunikation und platzieren diese über die jeweilig geeignetsten und effektivsten Kanäle. Dies ist die Kernaufgabe einer Werbeagentur. Sie haben ein tiefes Verständnis Ihrer Markenwerte und transformieren dies in Marketingkommunikation, die nach innen und außen wirkt.

Damit machen Sie ihre Marke erlebbar. Sie inszenieren Ihre Marke! Die Aufgabe erfordert Kenntnisse im Marketing, ein gründliches Verständnis des jeweiligen Umfelds und die Kenntnis aller Kommunikationskanäle und Formen.

Dies geht vom Messeauftritt über die Broschüre bis zum Online-Auftritt oder dem Blog. Große Werbeagenturen bieten durch eine Vielzahl von Spezialisten ein Komplettangebot über alle Kommunikationsformen hinweg. Es gibt aber auch heute eine Vielzahl von Spezialisten, die sich auf verschiedenste Bereiche konzentriert haben und dort eine oft überlegene Expertise aufweisen: Direkt-Marketing-Agenturen, SEO – Agenturen, Spezial-Agenturen für Geschäftsberichte, um nur Einige zu nennen.

Viele Unternehmen haben die zentrale Markenführung inhouse und kaufen a la carte bestimmte Leistungen zu. Die Herausforderung besteht dann in dem erhöhten Aufwand der Koordination und einer sehr stringenten Markenführung.

Kleineren Unternehmen ist oft mit einer Werbeagentur, die „Full-Service" bieten kann mehr gedient.

11.2 Die Bedeutung von Werbeagenturen für das Wachstum von Unternehmen

- Ein frischer und einzigartiger Blickwinkel

Es ist zwar großartig, wenn Sie Ihr Unternehmen in- und auswendig kennen, aber das reicht nicht aus, um es hinreichend voranzubringen. Mithilfe von Werbeagenturen können Sie einen optimalen Blick von außen erlangen, der Ihnen die Augen für neue Möglichkeiten öffnet und Ihnen verschiedene Möglichkeiten bietet, das Wachstum Ihres Unternehmens zu beschleunigen.

- Erschwinglichkeit

Die Beauftragung einer Agentur ist kosteneffizient, wenn sie zusätzlich zu ihren Standarddienstleistungen auch Lösungen für die Werbung in digitalen Medien anbietet. Auf diese Weise stellt die Agentur sicher, dass Sie Zugang zu einer umfassenden Marketing- und Werbelösung haben. Darüber hinaus erhalten Sie Zugriff auf hochkarätige Experten auf dem Gebiet der Werbung für Ihr Unternehmen. Und das Beste daran, sich an eine Werbeagentur zu wenden, ist, dass sie immer dann zur Verfügung steht, wenn Sie sie brauchen.

- Fachwissen aus dem eigenen Unternehmen

Eine Werbeagentur verfügt über firmeninternes Fachwissen in verschiedenen Marketing- und Werbemitteln und -techniken. Es handelt sich um Branchenexperten, die ihr Leben diesem Handwerk gewidmet haben. Das Team verfügt über einen reichen Erfahrungsschatz im Umgang mit verschiedenen Kunden und Kampagnen. Eine Werbeagentur stellt sicher, dass Sie es mit Experten zu tun haben, die aufgrund ihrer Erfahrung wissen, was das Beste für Ihr Unternehmen ist.

- Zeit ist Geld

Jeder Unternehmer weiß, wie wichtig die Zeit ist und dass er sie nicht allein bewältigen kann. Mit ihren verschiedenen Anzeigen und Kampagnen sondiert eine Werbeagentur den Markt und liefert zum richtigen Zeitpunkt.

- Neue Geschäftsbeziehungen

Einer der wichtigsten Vorteile der Beauftragung oder Zusammenarbeit mit einer Werbeagentur besteht darin, dass das Unternehmen Zugang zu einer Reihe von neuen

Geschäftsbeziehungen erhält, die bereits mit dieser Agentur in Verbindung stehen. Sie lernen verschiedene Marketingstrategien kennen, die von mehreren Unternehmen eingesetzt werden, und erweitern so ihre Branchenkenntnisse.

- Kreative Kunst

Die Schaffung von Markenbewusstsein bei der Entwicklung von Logos, Identitäten, Markennamen oder Rebranding ist nicht einfach. Mit ihrer Erfahrung und ihrem Fachwissen erstellen Werbeagenturen Anzeigen und Kampagnen, um bei der Entwicklung von Logos, der Markenidentität, Markennamen oder dem Rebranding ein Markenbewusstsein zu schaffen. Unternehmen können von den Agenturen auch profitieren, indem sie eine Echtzeitanalyse ihres Zielmarktes und ihrer Zielgruppe sowie Werkzeuge erhalten, mit denen sie diese mit Social Media-Werbekampagnen verfolgen können. Auf diese Weise können Sie auf allen Märkten wirksam werben, was sich letztendlich auf Ihr Endergebnis auswirkt.

- Finanzmanagement

Jedes Unternehmen muss über eine fundierte Strategie für das Finanzmanagement verfügen. Werbeagenturen arbeiten jedoch mit verschiedenen Unternehmen und Budgetvorgaben. Ihr Wissen und ihre Erfahrung sind auf bestimmte Unternehmenstypen zugeschnitten und ermöglichen es ihnen, ein größeres Publikum zu erreichen.

- Kernkompetenz

Werbeagenturen gibt es nicht umsonst. Sie bilden ein schlagkräftiges Team professioneller Experten, die wissen, was sie tun, und Sie können sich auf Ihre Kernkompetenzen konzentrieren, wenn Sie ihnen und ihren Maßnahmen bei Ihren Marketingkampagnen vertrauen.

Eine Werbeagentur könnte Ihnen dabei helfen, die höheren Wachstumsraten zu erzielen, die Sie sich wünschen. Überlassen Sie Werbeagenturen das Management Ihrer Marketingkampagnen und lassen Sie Ihr Unternehmen wachsen und gedeihen.

12

STRATEGISCHE PLANUNG - ARBEITEN SIE AN IHREM UNTERNEHMEN, NICHT NUR IN IHM

Um wirtschaftlichen Erfolg zu erzielen, verlassen sich gut geführte Unternehmen nicht auf ihr Glück. Die am besten geführten Unternehmen verfolgen bei der Planung ihres Wachstums einen systematischen und methodischen Ansatz. Wie ein Autofahrer muss ein Unternehmer das Lenkrad fest im Griff haben und genau darauf achten, was vor ihm liegt und was sich von hinten nähert. Die wahre Kraft zur Beschleunigung des Wachstums liegt in der intelligenten Nutzung der verfügbaren Engergie, um fundierte Entscheidungen über die Richtung Ihres Unternehmens und die Geschwindigkeit, mit der Sie dieses Ziel erreichen wollen, zu treffen.

Strategische Planung ist für Ihr Unternehmen von entscheidender Bedeutung, unabhängig davon, wo sich Ihr Unternehmen im Zyklus befindet. Durch strategisches Denken können Sie Ihr Unternehmen in die richtige Richtung lenken und auf der Erfolgsspur bleiben. Viele Unternehmer verhalten sich eher taktisch als strategisch, weil sie glauben, dass sie keine Zeit haben, sich auf ihre Geschäftsstrategie zu konzentrieren. Strategische Planung ist mehr als nur Wunschdenken; sie ist ein fortlaufender Prozess, der in einer gezielten Identifizierung von Chancen und Bedrohungen besteht. Anhand dieser Daten legen Sie fest, was Sie erreichen wollen und messen den Erfolg.

12.1 Der Weg zu einem strategischen Geschäftsplan

Vielleicht steht Ihr Unternehmen an einem Scheideweg und Sie müssen sich erst einmal damit auseinandersetzen, was es erfolgreich oder erfolglos macht, bevor Sie Nägel mit Köpfen machen. Nachdem wir unseren Auftrag überprüft und neu festgelegt haben, versammeln wir die wichtigsten Führungskräfte in einem Raum, um eine SWOT-Analyse unserer wesentlichen Stärken, Schwächen, Chancen und Bedrohungen durchzuführen.

Das wirksamste Prinzip ist Transparenz. Eine SWOT-Analyse Ihres Unternehmens kann Ihnen helfen, die Art und Weise, wie Sie Ihr Geschäft betrachten und betreiben, neu zu sehen und dies gilt nicht nur in der Startphase. Versammeln Sie Ihre Crew und wichtige Stakeholder, wie Produktion, Buchhaltung, Marketing und Personalabteilung, um über das Gute und das Schlechte in Ihrem Unternehmen zu sprechen. Auf diese Weise erhalten Sie ein klares Bild davon, wo Ihr Unternehmen steht und welche Themen für seinen Erfolg und seine Langlebigkeit am wichtigsten sind. Das Festlegen von Unternehmenszielen wird dadurch einfacher. Sie wissen, warum es Ihr Unternehmen gibt, aber um den Wachstumsmotor wirklich anzukurbeln, müssen Sie mit einem Ziel vor Augen beginnen. Was sind die Ziele Ihres Unternehmens? In welche

Richtung soll sich Ihr Unternehmen entwickeln? Welches ist Ihr bevorzugtes Transportmittel dieses Ziel zu erreichen?

12.2 Den Motor für das Unternehmenswachstum ankurbeln

Sobald Sie Ihre Mission und die Ziele (SWOT) Ihres Unternehmens definiert haben, können Sie voranschreiten und das Wie und Wann festlegen.

Fokussieren Sie Ihre strategischen Initiativen, die Ihnen helfen werden, Ihr Ziel zu erreichen. Stellen Sie sich folgende zum Beispiel folgende Fragen:

- Wie können wir ein wertschöpfendes, zukunftsgerichtetes Controlling auf allen Ebenen implementieren?

- Wie können wir unsere Ressourcen fokussieren und damit durchschlagskräftiger werden??

- Was können wir tun, um Bedrohungen zu erkennen und zu neutralisieren   und unsere erkannten Schwächen zu minimieren?

Wenn es zu viele Schwerpunkte gibt, kann nichts erreicht werden. Deshalb muss sich jeder auf jeweils eine Initiative konzentrieren. Was ist die wichtigste strategische Initiative für den Vertrieb, die Personalabteilung, die Serviceabteilung, den Betriebsablauf, die Finanzabteilung und andere Abteilungen? Um den Erfolg zu messen, legen Sie dann wichtige Meilensteine fest.

Und schließlich sollten Sie Ihre Ziele mit den Ihnen zur Verfügung stehenden Instrumenten und Informationen überprüfen und analysieren, um sicherzustellen, dass Ihr Unternehmen auf dem richtigen Weg zum Erfolg ist.

Zusammenfassend kann man sagen, dass es vier Schritte für eine erfolgreiche strategische Planung gibt:

- Wissen, was Sie erreichen wollen
- Ihre Ziele identifizieren
- Ihr Team zusammenbringen
- Ihre KPIs im Auge behalten

Wenn Sie sich für den Hauptzweck Ihres Unternehmens entschieden und sich Ziele gesetzt haben, die auf der Richtung basieren, in die Sie Ihr Unternehmen führen wollen, wird die Ausrichtung Ihrer Mitarbeiter Ihrem Unternehmen helfen, an Fahrt zu gewinnen. Sobald Sie das Ziel vor Augen haben, werden Sie und Ihr Team die wichtigsten Leistungsindikatoren besser erkennen, die Sie für das Wachstum Ihres Unternehmens verfolgen müssen.

12.3 Der Wachstumskurs Ihres Unternehmens

Als Unternehmer können Sie entscheiden, wie umfassend Ihr strategischer Planungsprozess sein soll und wie viel Zeit und Geld Sie für das strategische Management aufwenden wollen. Je größer und komplexer das Unternehmen ist, desto mehr Zeit und Ressourcen müssen Sie investieren. Langfristige Pläne, mittelfristige Programmziele, kurzfristige Budgets und tägliche Betriebspläne sollten alle mit Ihrer Gesamt-Strategie verknüpft werden.

Während die strategische Planung Ihr Unternehmen auf die Überholspur zum zukünftigen Erfolg bringen kann, müssen Sie dem Drang widerstehen, auf Autopilot oder Automatik zu schalten, denn ein Plan kann eine Entscheidungsfindung auf der Grundlage der aktuellen Gegebenheiten nicht ersetzen.

Jeder Plan muss sich täglich an der Wirklichkeit messen lassen und Raum für Adaptionen eröffnen. Langfristige Vision und Zielorientierung sowie HEUTIGES, adaptives Handeln sind kein Widerspruch sondern die Essenz moderner Markenführung.

Ihre Strategie sollte auf einem flexiblen Systemansatz beruhen, der Ihr Unternehmen durch situative Veränderungen führt, um Ihre Ziele zu erreichen.

Auf diesem Weg werden Sie feststellen, dass die Festlegung einer gemeinsamen Vision mit messbaren Ergebnissen sowie die Nutzung von aussagekräftigen, aktuellen Kenndaten auf allen Ebenen Ihnen hilft, einen Rahmen für eine bessere Entscheidungsfindung in Ihrem Unternehmen zu schaffen.

12.4 Zusammenfassung

Eine klare und differenzierende Botschaft mit einer menschlichen Note zu vermitteln, sollte Ihre Marke auszeichnen.

Als Führungskraft können Sie die Kultur Ihres Unternehmens, die Zufriedenheit Ihrer Mitarbeiter und die Produktivität erheblich beeinflussen, indem Sie das System der Achtsamkeit implementieren. Darüber hinaus hebt sich Ihr Unternehmen durch die Praxis der Achtsamkeit von anderen Unternehmen ab und zieht Mitarbeiter und Kunden an.

Es ist auch hilfreich selbst wenn man nicht auf Kapitalsuche ist, sich in die Gedankenwelt möglicher Investoren hineinversetzen, um herauszufinden, nach welchen Vorteilen diese suchen und was deren oberste Prioritäten sind.

Mit diesem gedanklichen Experiment gewinnt man eine frische Perspektive von außen und kann Maßnahmen setzen um die Attraktivität des Unternehmens zu erhöhen.

Entscheidend für den Unternehmenserfolg ist es, den Wert Ihrer Führungsqualitäten und die Fähigkeit Ihres Kreativteams unter Beweis zu stellen, Marken zu schaffen, die bei den Kunden starke Resonanz finden.

Jeder Mitarbeiter und insbesondere Sie sind Markenbotschafter – denn letzten Endes wollen Menschen Menschen Geschäfte machen, denen sie vertrauen und die sie respektieren. Dies gilt insbesondere im B2C Bereich.

Es ist nicht schwer zu erkennen, warum der Schutz der Marke für das Wachstum eines Unternehmens entscheidend ist. Hier vorbeugende Maßnahmen zu setzen zahlt sich immer aus und der beste Schutz ist es einen **Loyalitätsschutz** durch Kunden und User aufzubauen.

Nutzen Sie die Macht der künstlichen Intelligenz , anstatt zuzulassen, dass gesichtslose Nachahmer Ihr Geschäft behindern.. Sie können Ihr Team mit einer Armee intelligenter Algorithmen verstärken und den Fälschungsmarkt mit einer umfassenden Lösung angehen. Es ist wichtig, daran zu denken, dass es mehr als einen Fälscherring gibt. Vielmehr gibt es Zehntausende davon. Mit einer umfassenden Lösung für den Markenschutz haben Sie überall auf dem Markt Augen, denn sie erkennt und stoppt Tausende von Fälschungen.

Als Unternehmer sollten Sie ständig dazulernen und neue Wege suchen, um zu wachsen und sich zu verbessern, indem Sie sich ansehen, was andere, etabliertere Ökosysteme erreicht haben und wo sie Fehler gemacht haben. Da Sie ein Unternehmen der späten Pioniere und schnellen Lerner sind, können Sie schneller als andere auf Krisen reagieren und sich an Paradigmenwechsel anpassen.

Aufgrund von gesetzlichen und anderen regulatorischen Vorschriften sind heute Audits Bestandteil des Unternehmensalltags. Bekannt sind Qualitäts-Audits, Compliance Audits, Steuer/Finanz- Audits, Umwelt-Audits, Nachhaltigkeits-Audits um nur Einige zu nennen.

Ein Brand-Audit ist heute noch kein MUSS – aber eigentlich ein MUST und ich bin überzeugt, dass BRAND-AUDITS in Zukunft zum Standard der Markenführungn werden.

Ein qualifizierter externen Auditor kann Unternehmen wie globalen Marken, schnell wachsenden Startups, mittelgroßen Unternehmen auf Wachstumskurs, Unternehmen, die in eine Fusion oder Übernahme planen, und großen Unternehmen mit einem umfangreichen Branding helfen, das Vertrauen von Investoren, Kunden und Geschäftspartnern zu gewinnen.

Wie wichtig es ist, sich auf die Soft Facts und nicht nur auf die Hard Facts zu konzentrieren, ist vielleicht die wichtigste Erkenntnis aus Covid-19 für Marken,

Es ist an der Zeit, über die Zahlen in der Bilanz hinauszublicken. Sie müssen die richtigen Leute finden, die diese entscheidenden Rollen ausfüllen, damit alle Komponenten zusammenwirken können. Alle Rollen müssen miteinander harmonieren, um als Marke wirkungsvoll zu funktionieren. Sobald Sie Ihre Marke geschaffen und den Umfang Ihres Angebots erfasst haben (das heißt, wer Sie sind, was Sie tun, wie Sie es tun und vor allem, warum Sie es tun), engagieren Sie einen kompetenten Markenarchitekten und Brand-Auditor, der Sie beim Brand-Steering unterstützt.

12.5 Tipps zum Brand-Steering in schwierigen Zeiten

- Nehmen Sie die Angst an und machen Sie sich diese zunutze. Angst hat einen schlechten Ruf, aber sie dient einem Zweck: Sie schützt Sie vor etwas. Es ist Ihre Aufgabe, die Angst zu erkennen, sie wahrzunehmen und sie dann zu überwinden. Angst ist eine natürliche menschliche Reaktion. Das Kunststück ist, sie davon abzuhalten, Ihren Verstand zu übernehmen.

- Verpflichten Sie sich, das erfolgreich zu beenden, was Sie begonnen haben.

  Noch bevor Sie beginnen, müssen Sie sich hierzu verpflichten. Sie müssen zeigen, dass Sie sich mit Glauben, echtem Mut und Selbstvertrauen vollkommen engagieren. Sie haben keinen Erfolg, wenn Sie etwas beginnen und wissen, dass Sie es nicht zu Ende führen werden. Dadurch legen Sie nur den Grundstein für Ihr Scheitern.

- Wissen Sie eigentlich, dass alle großen Ideen mit dem Satz „Was wäre wenn?" beginnen?

  Scheuen Sie sich nicht, immer wieder „was wäre wenn?" zu fragen, bis Sie eine Lösung gefunden haben. Das Silicon Valley hat in den letzten zwanzig Jahren die meisten unternehmerischen Innovationen in den Vereinigten Staaten hervorgebracht, und zwar dank der ständigen Bereitschaft, diese einfache Frage zu stellen und immer wieder neu zu erörtern. Wenn man mit einem Problem oder einem Hindernis zu kämpfen hat, hören manche Menschen auf, Fragen zu stellen. Um ein Problem zu lösen, müssen Sie sich damit abfinden, dass Veränderungen unvermeidlich sind und dass eine Neuausrichtung der Situation eine sonst unentdeckte Lösung zutage fördern wird.

- Denken Sie daran: Um zu gewinnen, müssen Sie Präsenz zeigen.

Sie können ein Rennen nicht gewinnen, wenn Sie nicht teilnehmen. Sie müssen also präsent sein, bevor Sie irgendetwas anderes tun - bevor Sie sich verpflichten, das zu beenden, was Sie begonnen haben, und bevor Sie Ihre Angst anerkennen und überwinden. Denken Sie daran, dass Ihre Präsenz 80% der Erfolgswahrscheinlichkeit ausmacht.

Es ist unvermeidlich, dass das Leben Ihnen Steine in den Weg legt, ganz gleich, wie gut Sie glauben, geplant zu haben. Man wird Sie von allen Seiten, in jeder Branche und in jedem Lebensbereich angreifen. Fliehen Sie nicht, gehen Sie stattdessen mitten hindurch. Um ehrlich zu sein, mag ich Überraschungen, weil sie immer die Frage aufwerfen: „Was kann ich tun?"

Wenn Ihnen dieser Titel gefallen hat und Sie mehr über andere Themen lesen möchten, die mein Leben verändert haben, dann schauen Sie sich bitte meine neuen Bücher bei Amazon oder auf meiner Website an: www.my-mindquide. com/.

Bleiben wir auch über die sozialen Medien in Verbindung! Bitte schreiben Sie mir auf Facebook oder Instagram und bleiben Sie auf dem Laufenden! Sie können mir auch gerne direkt Ihre Gedanken per E-Mail mitteilen: gassner@my-mindquide.com.

Im Gegenzug sende ich Ihnen eine wunderschöne Infografik, die Sie ausschneiden und einrahmen können.

Hinterlassen Sie bitte auch eine Rezension auf Amazon, denn so kann ich ein noch größeres Publikum erreichen.

Vielen Dank für Ihre Zeit, Ihr Interesse und Ihren unbändigen Wissensdurst!

Ich möchte mich bei all meinen Kollegen, Kunden, Freunden und Familienmitgliedern bedanken, die alle dazu beigetragen haben, dass ich heute so bin, wie ich bin.

Ich möchte insbesondere Gabriel Palacios danken, einem Schweizer Bestsellerautor, dem König der Hypnotherapie. Er hat mir so manchen neuen Trick beigebracht und mich tief in das Geheimnis der Hypnotherapie eintauchen lassen. Ich habe auf diesem Weg so viel gelernt, dass ich jetzt selbst ein zertifizierter Master-Hypnosecoach und Gesprächstherapeut bin!

Außerdem möchte ich mich bei den fantastischen Mentoren von SAMYANA/Bali bedanken, die mich zum zertifizierten Yoga- und Meditationslehrer ausgebildet haben.

Nicht zuletzt gilt mein besonderer Dank meinem Meisterlehrer Eckhard Wunderle, der für mich fast ein Heiliger ist. Er hat mich in die Welt der Meditation eingeführt und mich all die Wunder entdecken lassen, die sie zu bieten hat. Ich könnte nicht stolzer sein, dass ich meine Zertifizierung zum Meditationslehrer direkt von ihm am Institut für Spirituelle Psychologie erhalten habe.

Ich wünsche Ihnen Frieden, Liebe und Glück, bis zum nächsten Mal!

AUTOREN-BIO

Kurt Friedrich Gassner ist ein österreichischer Autor, der seine Leser dazu befähigt, die Feinheiten des Unterbewusstseins besser zu beherrschen. Durch seine Erfahrungen und sein umfangreiches Wissen über die neuesten Entwicklungen in der Psychologie hilft er Menschen, ihr volles Potenzial auszuschöpfen. Was damit begann, dass er im Alter von 14 Jahren für Gleichaltrige im Austausch für Zeichnungen schrieb und später als professioneller Werbetexter arbeitete, führte schließlich dazu, dass er Kreativdirektor mehrerer internationaler Agenturen und Autor mehrerer Selbsthilfebücher wurde.

Das Schreiben ist jedoch nicht die einzige Leidenschaft dieses Unternehmergeistes. Kurt ist auch Seriengründer (My Mind Guide und Trendguide Capital, um nur einige zu nennen) und Business Angel und verfügt über vier Jahrzehnte Erfahrung in den Bereichen globale Werbung und Markenberatung. Infolgedessen hat er zahlreiche Auszeichnungen in den Bereichen kreative Regie, Direktmarketing und Training erhalten und wurde zum Selfmade-Millionär. Während des globalen Lockdowns nutzte er seine freie Zeit, um sich in Hypnotherapie zu vertiefen, und ist jetzt ein lizenzierter Hypnotherapeut, Yogalehrer und Meditationslehrer.

Wenn er nicht gerade seine Geschäfte führt, Führungskräfte berät oder über das Unterbewusstsein schreibt, finden Sie diesen Globetrotter auf Weltreisen, beim Golfen, Radfahren in den Alpen, in der Oper oder beim Wandern. Er ist außerdem stolzer Vater zweier erfolgreicher Kinder und seit 37 Jahren glücklich mit seiner wunderbaren Ehefrau verheiratet. Derzeit lebt er in München, Deutschland und Kirchberg, Österreich.

In seinem Leben mit unzähligen Höhen und Tiefen hat Kurt Friedrich Gassner unnachgiebig nach dem folgenden Motto gelebt: „Niemals aufhören! Das Beste kommt noch ...". Und dank seiner unerschütterlichen Entschlossenheit und Beharrlichkeit hat er ein Leben in persönlichem Wohlstand geführt und dabei unzählige unschätzbare Lektionen gelernt. Für ihn ist ein Leben, in dem er sein erworbenes Wissen nicht mit anderen teilt, kein erfülltes Leben. Deshalb schreibt er Bücher, um etwas zurückzugeben und die Welt zu einem besseren Ort zu machen, als sie es zu dem Zeitpunkt war, als er sie betrat. Einige seiner Veröffentlichungen sind The Power of Forgiveness, Lie or Die, Soul-Match, Can You Inherit a Poisoned Mind? und The Power of Poverty. Im Alter von 30 Jahren schrieb er ein Bestseller-Kinderbuch, das sich über eine Million Mal verkaufte und in Kindergärten im deutschsprachigen Raum eingesetzt wurde. Mehr als ein Dutzend weiterer Bücher zum Thema Psychologie sind derzeit in Arbeit. Besuchen Sie Kurts offizielle Website, um Ihre innere Kraft zu entfesseln, und für Ihr größeres Wohl zu nutzen: gassner@my-mindguide.com

WEITERE BÜCHER DES AUTORS

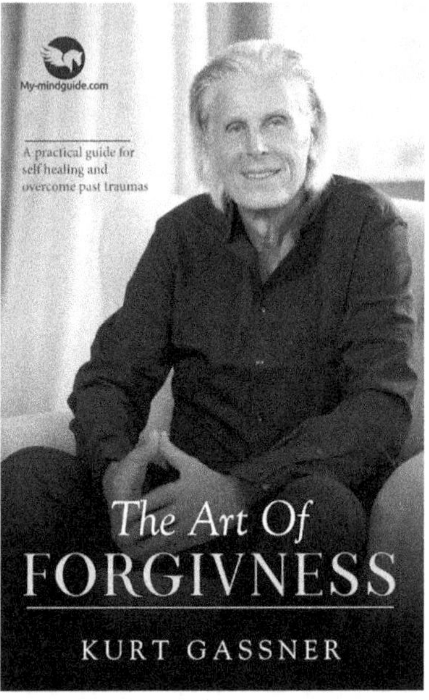

WEITERE BÜCHER DES AUTORS

My-mindguide.com
GROW
WITH YOUR
FAILURES
GROW THROUGH YOUR FAILURES
KURT GASSNER

My-mindguide.com
WACHSE
MIT DEINEN
MISSERFOLGEN
WACHSE DURCH DEINE MISSERFOLGE
KURT GASSNER

Lass
Los!
Verändere dein Unter- Bewusstsein, befreie dich
von materieller Abhängigkeit & wahre Lebensgeschichten
KURT GASSNER

My-mindguide.com
Let
Go
Rewire your subconscious mind with hypnosis
& cure material addiction – Real Life Stories
KURT GASSNER

My-mindguide.com
NEVER APPLIED
THE ULTIMATE POWER TO THINK AND ACT OUT OF THE BOX
KURT GASSNER

My-mindguide.com
NIEMALS BEWORBEN
DER ULTIMATIVE SCHLÜSSEL ZU UNKONVENTIONELLEM DENKEN
KURT GASSNER

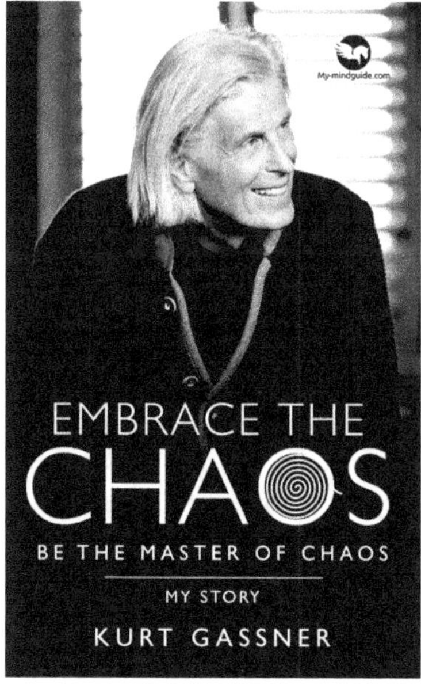
My-mindguide.com
EMBRACE THE CHAOS
BE THE MASTER OF CHAOS
MY STORY
KURT GASSNER

My-mindguide.com
DAS CHAOS BEHERRSCHEN
WERDE MEISTER DES CHAOS
MEINE GESCHICHTE
KURT GASSNER

WEITERE BÜCHER DES AUTORS

WEITERE BÜCHER DES AUTORS

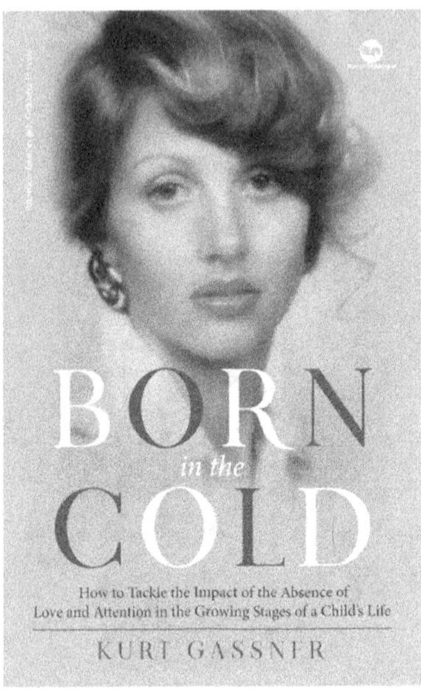

BESTSELLING AUTHOR OF
The Art Of
FORGIVNESS
AMAZON #1 BESTSELLER
My-mindguide.com
A practical guide for self healing and overcome past traumas
The Art Of
FORGIVNESS
KURT GASSNER